【古老商學院】

培養有利自己的條件

魔鬼藏在細節中!觀人於微、由「小行為」見「大鴻圖」
別再做個「徵於色,發於聲,而後喻」的被動者!

許汝紘暨編輯企劃小組——著

ANCIENT BUSINESS SCHOOL

【出版序】

因為古老，所以美好
——在經典文學中借鑑先賢的品德智慧

中國文學博大精深、浩瀚無邊，無論說理、敘情都蘊含深意。我經常覺得，能看得懂文言文的現代人真的好有福氣，除了能在字裡行間覺察作者的深意、想像文學的美好、探索其中的映象之外，也能毫無障礙地和偉大的文學家們交心、溝通，知古鑑今、學習知識、發現真理。

《越古老越美好》系列叢書，是從《四庫全書》與《筆記小說大觀》中取材、編寫、評述而成的。分別歸類整理成七大主題，編輯成書。每一個主題都在對應當代社會在極速躍進與科技不斷翻新之下，人們心靈的空虛與品德遺失等課題。每一則精選出來的故事均寓意深遠，且極富趣味。對照今日社會百態，即便是過去大家都能嚴守分際的人情世故、待人接物、應對教養、品德教育等簡單的生活倫理，都在人人撻伐道德淪喪聲中，被忽視殆盡。而這些美好的品德教養卻在經典中，處處可見，隨手可得。

我認為，文學的魅力不應該受限於時代、語言、國界的束縛，而文體的表達方式，也不應該只能有一種詮釋方法。中國許多優美的經典文學作品，更不應該受限於文言文的隔閡，而讓今天的讀者望而生畏。浩瀚精彩、博大精深的中國文學作品，如果能找到更多元的入門通道，那麼成千上萬冊精彩的創作，將會是人人都喜歡的最佳讀物。

從經典中擷取生活智慧是《越古老越美好》系列叢書的編輯方針，希望讀者能在輕鬆閱讀中，看懂古人的文章內涵與深刻的寓意，領略其思想脈絡，借鑒其中的智慧，落實在現在的生活當中，借鑑學習、延伸應用。

高談文化出版集團　總編輯／許汝紘

【目錄】

第二課 發揮理性與感性 61

第三課

謙虛實在最加分 99

第四課
認真成就美麗 151

第五課

培養智慧的眼光

第一課

看清身邊的小人

小人得寵／仗著權勢作威作福

中郎李慶遠，狡詐傾險，初事皇太子，頗得出入。暫令出外，即恃威權，宰相以下，咸謂之要人。宰執方食即來，諸人命坐，常遣一人門外急喚。頁「殿下須使令」，吐飯而去。諸司皆如此。請謁囑事，賣官鬻獄，所求必遂。東宮後稍稍疏之，仍潛入仗內，食侍宮飯。晚出外腹痛，猶詐云「太子賜予食瓜太多」，須臾霍出衛士所食米飯黃臭，並虀菜狼藉。凡是小人得寵，多為此狀也。

——唐、張鷟《朝獲僉載》

好好解釋

中郎 官名，秦置；擔任宮中護衛與侍從。

傾險 邪惡奸險。

宰相 官名，基本上是輔助朝廷，總攬政務的最高刪政長官；但歷代宰相都另有正式官名，且其職權之大小與行使權力之方式，亦隨朝代而異。

要人 即重要的人物，在此喻權貴。

宰執 即宰相，因其執一國之政棺，故稱之。

使令 因中郎屬郎中令，故在此猶謂「要差使李慶遠」。

吐飯 指馬上停止用餐。

諸司 各種官衛。

東宮 在此即指皇太子。

稍稍 漸漸、慢慢。

仗內 兵士衛隊之中。

霍濾 也，快速的樣子。

教你看懂

中郎李慶遠這個人，非常陰險狡詐。他短時間侍奉皇太子，因而經常得以出入其門。稍後當太子命令他外出辦事時，他便仗著太子的權勢作威作福，以致宰相以下的人，都視他為權貴而稱之為「要人」。每每當宰相正在吃飯時，李慶遠就跑來了，在眾人坐定用餐時，他會預設好一個人，在門外急傳「太子正等著他辦事」的假旨，於是他便會趕忙停下用餐迅速離去，裝成一副果真是個「要人」的模樣。他這種騙人的伎倆，也一再在其他各衛門中施展。凡是經由他請託關說，不論是賣官或者鬻獄等，無不遂其所求。太子在後來，已漸漸疏遠了李慶遠，但他仍然混入宮廷衛之中一起吃飯。有一次吃完飯出來，由於肚子疼痛，開始時還要吹牛，詐說是「太子賜給我吃的瓜太多了」，誰知片刻之間，便猛然嘔吐出滿地的黃臭物，卻發現原來都是衛士所食用的飯菜。凡是小人得寵的情形，大多像李慶遠這付德性。

你要明白

「狐假虎威」這個成語的意義，那本是一則記載於《戰國策》中的寓言，之後用來比喻仗勢欺人。又在《孟子》書中所載那個「齊人有一妻一妾」的故事，應該也是大家很熟悉的故事。前者的仗勢欺人實在可恨，後者中那位齊人「驕其妻妾」的醜態更為可恥；巧的是，我們故事中的人物李慶遠，其行為與嘴臉正好兼具了可恨與可恥，無怪乎原作者在文中便直指他是個小人了。

在社會上的各階層中，總存在有或多或少的小人，但官場中的小人最可怕，這是因為他有機會掌握到權柄。所謂「一朝權在手，便把令來行」，一旦當這種小人恃威橫行之下，往往會演變到民不聊生的地步。

既然官場中的小人如此可怕，權柄又何以輕易地讓他所掌握？蓋小人自有小人之術，卑鄙狡詐，無所不用其極，像故事中的李慶遠，就是個典型的例子。所幸「多行不義終自敗」，小人得勢畢竟不會長久，文章中為他所描述出來的醜行，更使他在後世留下了不可磨滅的笑柄與惡名。

嘗便御史／別有居心

魏元忠為御史大夫，臥病，諸御史省之。待御史郭霸獨後，見元忠，憂形於色，請視元忠便溺，以驗疾之輕重，元忠辭拒。霸固請嘗之，元忠驚惕。霸喜稅曰：「大夫泄味甘，或不瘳；今味苦矣，即日當癒。」元忠剛直，甚惡其佞，露其事於朝庭。

——唐、劉肅《大唐新語》

好好解釋

御史 古時官名。唐代時，御史計有「侍御史」、「殿中侍御史」與「監察御史」三種。

省之 探視。

泄 在此指排泄物。

瘳 疾病痊癒。

佞 諂媚。

教你看懂

唐代的魏元忠任職御史大夫時，有一次生了病，其他的御史們便去探望他。有一位侍御史郭霸，單獨一個人後到，面見魏元忠時，郭霸滿臉憂愁狀，並要求察看魏元忠的大、小便，以便檢視病情的輕重，但受到魏元忠辭拒。然而，郭霸堅持要嚐一嚐，這使得魏元忠大為吃驚。嚐過之後，郭霸喜悅地對魏元忠說：「如果大夫的排泄物味道帶甜，則疾病或許難治；但現時味道帶苦，故疾病很快就會痊癒的。」由於魏元忠個性剛直，非常討厭郭霸的此種諂媚行為，故在朝庭中將這件事吐露出來。

你要明白

從這個故事裡，我們看到了古代官場中最為醜陋的一幕。為了討好與巴結上位者，竟然去親自嚐對方的糞便與尿液。若說這樣的做法不是別有居心、特別矯情，那將教人怎麼看待呢？一旦別人問起，他自己又將如何解釋呢？

對人客氣，那是一種禮貌；與人為善，那是一種風範。但若是為了一己之私或是心懷叵測，竟至不擇手段去刻意諂媚對方，以求達到目的，其結果必然適得其反，甚至可能留下「千秋罵名」。故事中的人物郭霸，便是如此。

讀史書往往會讓人感到灰心，因為自古以來，這種趨炎附勢的奸佞之徒，幾乎無處不在，例如《晉書》中的「潘岳拜塵」與《漢書》中「鄧通吮」，就分別描述潘岳為趨附權臣賈謐，每次看見賈謐的車塵便下拜，以及鄧通在漢文帝生病時，用嘴去吮出癰中的膿而大肆獻媚，從而使「拜塵」與「吮癰」二詞，成為著名的諂媚典故，做人做到這樣子，真可說是「蒙羞後世」了，豈不可悲！

至於「嚐糞」之舉，另有兩個故事值得一提：一則見諸《吳越春秋》，是說吳王夫差生病，因越王勾踐嚐過其糞便之後，說他的病很快會好，結果夫差大悅而赦免勾踐回國。另一則是記載於《二十四孝》中的故事，「嚐糞憂心」的故事，指南齊的庾黔婁，為了要知道父親病情的輕重，也親口嚐過其父親的糞便。顯然，這兩件事都不可與前面郭霸的行為相提並論，所謂「形格勢禁」，讀者自然能夠體會。

從醫學的觀點來看，便溺中所顯示出來的特徵，的確可以用作判斷病症的依據，這已經是世人皆知的常識。拜科學發達之賜，現在早已沒有「嚐糞」的必要了。

磕頭幕官／搖尾乞憐之人，不足倚仗

魏公在永興，一日有一幕官來參，公一見熟視，蹙然不樂，凡數月未嘗交一語。儀公乘間問公：「幕官者，公初不識之，胡然一見而不樂？」公曰：「見其額上有塊隱起，必是禮拜所致，當非佳士。恁地人緩急怎生倚仗？」

——宋、王暐《道山清話》

好好解釋

魏公 在此指北宋名臣韓琦。

永興 宋時的地名。

幕官 幕府官員。

蹙然 眉頭緊皺。

乘間 趁著空暇的機會。

初 在此解作「原本」。

胡然 何以。

禮拜 在此指行磕頭禮參拜。

恁地人 這種人。

緩急 緊要關頭時。

教你看懂

韓琦在永興時，某一天有一個幕官來參謁他，他一見之下便仔細盯著那人看了好一陣子，並且皺起了眉頭，臉色顯得十分不高興。隨後的幾個月當中，他都沒有跟那個幕官說過任何一句話。於是，儀公有一次便趁著機會問韓琦說：「那個幕官，你原本就不認識他，為什麼見了他卻如此不待見他？」韓琦回答說：「我看見他額頭上隱隱約約有一個腫塊，想必是經常磕頭所造成的，這種人自非正直勇毅的人，一旦碰到緊要關頭，還能對他有所倚仗嗎？」

你要明白

在世人的心目中，「下跪」或「磕頭」，都不是一樁小事：若非是愧疚交加必須求得饒恕，那就是感激零涕以表謝忱，再不然便屬虔誠萬分以示欽敬。如果是「下跪而磕響頭」，甚且將頭磕得腫起來，可想見磕頭者必定是受了人家的大恩大德，大概非如此便無以報答對方。

然而，世界上偏偏就有一種搖尾乞憐的人，尤其是在古代的官場中，既無人格，更無官格，見到上司時，就如同老鼠碰見貓，害怕之餘，極盡諂媚之能事。像本則故事中的那位幕官，就是這種人物的典型代表，也正就是俗語中的所謂「磕頭蟲」。

但更讓人氣憤的是，這種見到上司時的「蟲」，在遇見百姓時卻總要擺出威風八面、不可一世的樣子，這就是平常所稱的諂上凌下之輩，指的就是這種人。不過，邪不勝正畢竟是定則，就如同磕頭幕官那樣，雖然處處向人「磕頭」，最後還是不能「出頭」，徒留給人作為話柄罷了。

賜帶／險狡過人的飽學之士

丁晉公從車駕巡幸，禮成，有詔賜臣玉帶。時輔臣八人，行在只候庫只有七帶；尚衣有帶，謂之比玉，價直數百萬，上欲以賜輔臣，以足其數。晉公心欲之，而位在七人之下，度必不及已；乃諭有司：「不須發尚衣帶，自有小私帶，且可服之以謝，候還京別賜可也。」有司具以此聞。既各受賜，而晉公一帶，僅如指闊，上顧謂近侍曰：「丁謂帶，與同列大殊，速求一帶易之。」有司奏唯有尚衣御帶，遂以賜之。其帶，熙寧中復歸內府。

——宋、沈括《夢溪筆談》

好好解釋

丁晉公 丁謂，字謂之，宋代長州人，官至宰相，封晉國公。

巡幸 皇帝巡歷各地稱為巡幸。

輔臣 輔佐大臣。

行在只候庫——天子巡幸所在地謂「行在」，亦稱「行在所」；只候，官職名；只候庫，猶謂行宮之供應庫。

尚衣 官職名，周朝有司服之官，掌王服；隋朝時改為尚衣局，清代廢之。

價宜 即價值。

有司 泛指官吏，因職有專司，故稱有司。

熙寧 北宋神宗趙頊的年號。

內府 皇宮內庫。

教你看懂

丁謂跟隨著真宗皇帝趙恒的御駕巡歷各地，禮成之後，有旨要賞賜隨侍的輔佐大臣，每人一條玉帶。由於輔臣有八人而行宮的供應庫中只有七條；不過尚衣局中，還有一條稱為比玉的帶子，價值數百萬，皇上有意拿來湊足數目，以賜給輔臣們。

這時丁謂心中很想得到那條比玉帶，但他職位卻在另外七人之下，自己猜測一定輪不到他；於是就交待相關官吏說：「不須動用比玉帶，我自己有條小帶子，可以佩上參加謝恩禮之用，皇上的賞賜，還是等到回返京城後，另外找一條就可以了。」聽完這話的官吏，就將此情形照實呈報上去。

等到其餘七人各受賜一帶，大家一起在謝恩時，由於丁謂自己的那條帶子，只有像手指這麼寬，皇上看不過去，便對身邊的侍從說：「丁謂的帶子，與同僚比起來差得太多了，趕快去找一條來更換。」承辦官員上奏稱，只剩下尚衣局中的那條比玉帶，這麼一來，結果就將它賜給了丁謂。這條御帶，直至神宗熙寧年間，才又回到皇宮的內庫中。

你要明白

有一句頗為負面的話，稱作「不學無術」，這是用來指責一個人的愚昧與無能。不過，我們卻不能純從文字與邏輯上來推論這四個字的衍生語，有時用它來罵人，或許貶意更重。

反之，「有學有術」就必定是好話嗎？亦未必盡然，主要還得視這個「術」是出諸正途抑是邪道而定。本故事中的丁謂，史載其「詩書圖畫，音律博弈，無不洞曉」，且既能位極人臣，可以想見他絕對是個「飽學」之士；只不過，他雖然也「有術」，但卻工於心計，無怪乎史書上也記載說他「險狡過人」，故事的內容就清楚地證明了這句話的真實性。

在歷史上，丁謂的惡名，雖然說無法與諸如王莽、曹操、秦檜、嚴嵩之流等量齊觀，但狡詐的心術，這些人都是差不多的。事實上，等到宋仁宗趙禎接位後，便將他以欺君罔上之罪，先貶崖州，再徒道州；而原文中的末了兩句，便是指那條比玉帶，在更後期的熙寧年間，最後還是回到了皇宮，可見非由正道所得到的東西，終究是無法長久擁有的。

紹興士人／負心漢

紹興間，有士人貧不能婚，贅入團頭家為婿。團頭者，丐戶之首也。女甚雅潔，夫婦相得。逾數載，士人應試成名，頗以婦翁為恥。既得官淮上，攜妻之任，中流與妻玩月，乘間推墜於水，揚帆而去。妻得桴木不死，有淮西轉運使船至，聞哭聲，哀而救之。叩其故，乃收為己女，戒家人勿泄。比至淮，士人以屬官晉謁，運使佯問：「已娶未？」士人答曰：「有妻墜江死，尚未續也。」運使乃命他僚為己女議親，且云：「必入贅乃可。」士人方慕高閥，驚喜若狂。既成禮，士人欣然入闥，忽嫗妾輩數十人，持細杖從戶傍出，亂捶之。士人口稱何罪，莫測所以。聞闥中高喚曰：「為我摘薄情郎來。」士人猶不辨其聲，及相見，乃故妻也。妻數其過，士人叩首謝罪不已，運使入解之。自是終身敬愛其婦，并團頭亦加禮焉。

——明、馮夢龍《情史》

好好解釋

紹興 這裡指宋高宗趙構的年號，非地名。

團頭 乞丐首領，俗稱花子頭，地位卑下，受人歧視。

淮上 在此泛指淮河上游某處。

之任 赴任。

淮西 淮河上游之地，亦稱淮右。

轉運使 官名，唐置，宋因之，掌管軍需糧餉之水陸轉運事務，並兼理軍事、刑名等職，賦權甚重。

高閥 高官顯赫門第。

閫 宮中或大戶人家中的小門，一日門屏。

摘 猶言拿下。

教你看懂

紹興年間，有個讀書人，因貧窮未能娶妻，只好入贅到團頭家做女婿。所謂團頭，就是乞丐的首領。這團頭的女兒高雅潔淨，夫婦相處得很融洽。這樣過了幾年，讀書人應試成名了，這時候他以如此出身的妻子及岳父為恥。隨後這讀書人被派往淮河上游某地為官，帶著妻子乘船赴任，就乘著與妻子在中流處共同賞月之時，找個機會將妻子推落水中，自己則快速離去。他妻子幸好抓住了一塊浮木，又正巧碰上淮西轉運使的官船駛經該處，聽到悲哭聲之後，轉運使出於哀憐之心，就把她救了上來，問明了事情原委，就收她為乾女兒，並交待家中的上上下下，不要走漏消息。

那讀書人一到任所之地後，便以下屬官員的身分晉見轉運使。轉運使故意問他說：「你娶了妻室嗎？」他回答說：「妻子在江中落水死了，還沒有續弦。」轉運使於是託另一位同僚為自己的女兒議親，並言明要入贅才行。那讀書人正在羨慕轉運使的位高權重，得知可成為他的女婿，不禁驚喜若狂。婚禮完畢後，讀書人高興地進入新房時，忽然見到數十多個丫環與老媽子，拿著細棒從門邊湧出來，朝他便是一陣亂打。讀書人口中喊冤，內心更搞不清楚究竟是怎麼一回事。只聽到閨房內傳出高喚聲：「替我將這薄情郎捉拿起來。」讀書人並未分辨出這是誰的聲音，等到兩人見面，才知道是自己的原配妻子。他妻子狠狠地數落了他一番，讀書人忙不迭地叩頭謝罪，轉運使也從外面走了進來，為他們夫婦排解。從此之後，這讀書人終身敬愛妻子，對岳父的態度也更為有禮。

你要明白

這是一則頗具教育意義的故事，雖然它在馮夢龍的著作中，是用文言文來寫的，或許讀者不多，但因其有至少兩次的通俗化改編，故後來的流傳就變得廣泛了。據此改編為通俗章回小說的，名為「金玉奴棒打薄情郎」，詳見《古今奇觀》一書中所載；另一個更受歡迎的改編作品，則是平劇中的《鴻鸞禧》。

愛好平劇的朋友們必然知道，《鴻鸞禧》中的那個窮秀才莫稽，就是本故事中的讀書人，劇情雖然與故事內容略有出入，但大體架構及主旨所在則相當一致。由於平劇在早年，是我們社會中重要的藝文活動之一，且《鴻鸞禧》屬熱門戲碼，故熱愛與欣賞者甚多。對於俗稱的「痴心女子負心漢」，我們固然不必作以偏概全的過度延伸，但在故事中，卻令人難以否認這「負心漢」三個字，否則金玉奴也不會棒打薄情郎了。當然，男女之間對於愛情與婚姻的執著與忠貞，其差距畢竟不易量化，但無論如何，像莫稽那種絕情負義、趨炎附勢的行徑，自該遭受世人的鞭撻與唾棄。

狼／面對狡黠者應具警覺心

一屠晚歸，擔中肉盡，止剩骨。途中兩狼，綴行甚遠。屠懼，投以骨，一狼得骨止，一狼仍從；復投之，後狼止而前狼又至；骨已盡，而兩狼之并驅如故。屠大窘，恐前後受其敵。顧野有麥場，場主積薪其中，苫蔽成邱。屠乃奔倚其下，弛擔持刀，狼不敢前，眈眈相向。少時，一狼逕去；其一犬坐於前，久之，目似瞑，意暇甚。屠暴起，以刀劈狼首，又數刀斃之。方欲行，轉視積薪後，一狼洞其中，意將隧入以攻其後也，身已半入，止露尻尾。屠自後斷其股，亦斃之。乃悟前狼假寐，蓋以誘敵，狼亦黠矣！而頃刻兩斃，禽獸之變詐幾何哉，止增笑耳。

——清、蒲松齡《聊齋志異》

好好解釋

綴行 尾隨。

苫蔽 編茅以蓋屋謂之苫；苫蔽在此指用茅草遮蓋。

邱 同丘，謂小山狀。

犬坐 像狗那樣子坐著。

目似瞑 閉目假睡貌。

暴起 陡（突）然起身。

洞其中 朝向其中挖洞。

黠 狡猾。

教你看懂

一名屠夫晚上回家，擔子中的肉賣光了，只剩下一些骨頭。途中遇到兩隻狼，一路上尾隨了很遠。屠夫心中害怕，就扔了一些骨頭，搶得骨頭的狼停下來啃，另一隻仍然跟了上來；屠夫再扔一些，於是跟著的狼停下來，但先前的那隻又尾隨過來；轉眼間已將骨頭扔完了，兩隻狼依然并排地跟隨著。屠夫大為困窘，害怕前後受敵；這時他看到田野中有一個麥場，場主在其中將柴薪堆積成小丘狀，上面蓋有茅草以遮雨水，屠夫於是趕忙來到柴堆前，放下檐子，手持屠刀，背靠著柴堆嚴加戒備，這兩隻狼也就不敢向前，但虎視眈眈地對峙著在那裡。一會兒之後，一隻狼自行離去；另一隻狼卻像狗似地坐了下來，坐久了一段時間，兩眼似乎要閉上睡覺，一付懶散悠閒的樣子。見到這種情形，屠夫陡然起身，用屠刀朝狼頭劈去，再連砍幾刀將牠殺死。就在他要離開時，轉身發現在柴堆後，另外那隻狼正在朝著柴堆挖洞，打算鑽進去從後面偷襲他，此時狼身已進去了一大半，只剩下尾巴部分露在外面，屠夫便從後面砍斷狼腿，將此狼也給殺了。事後屠夫才省悟到，先前那隻狼坐下來假裝睡覺，原來是要誘騙他上當，狼真是夠狡猾的呀！然而，頃刻之間兩狼均斃命，禽獸的變詐伎倆，又有什麼用呢？到後來，只不過增添了人們的笑料而已。

你要明白

翻開有關的工具書，我們會發現，舉凡與狼字有牽連的詞語，幾乎全都是貶義的；例如狼戾、狼毒、狼藉、狼噬之類的二字詞組，與乎諸如狼子野心、狼心狗肺、狼狽為奸、狼貪鼠竊之類的四字成語，也都無一具有正面意義，可見「狼」之為物，在世人心目中的印象，實在是壞透了。大致上說來，「貪婪、兇殘、狡猾、猜忌」這八字，應該就是人們對狼的普遍認定。

蒲松齡的《聊齋志異》一書，後世有極高的評價，非但因其文字瑰麗而精緻，抑且因其宗旨明確而強烈，故全書表面上看來，雖大都為談狐說鬼，但無一不是直狀人性與直搗人心，可說是在間接地反映出當時的社會情景。只不過，在這本總計四百九十二篇的文言小說中，除卻鬼、狐、神、怪之外，也對動、植物部分有極少數的著墨，如標題為「狼三則」的那一篇，便是全書中唯一談到狼的地方，本文所介紹著，便是其中之一。

從故事的內容來看，它固然詳盡地描述了狼性的貪婪與狡詐，但重點不在其過程而在於最後的下場，原作者以「狼亦黠矣！而頃刻兩斃，禽獸之變詐幾何哉，止增笑耳」這幾句話作出結論，乃是在告訴世人邪不勝正的道理，以及提醒我們在面對狡黠者所應具有的高度警覺心。

閱讀原著的「自序」，我們明顯地可看出，《聊齋》一書乃是蒲公的「孤憤」之作，故其所譏、所刺、所斥、所撻，均有其所指與所在，因而故事中所述及的「狼」，骨子裡乃謂像狼那樣的「人」。

俗話中之「披著羊皮的狼」，看似借（動）物喻（野）獸，實際上仍然是指「人」啊。

鄞有卜者／盲目與迷信的下場

鄞有卜者，設肆於市。一日，有男子在肆中大罵，勢將用武。眾人環集問故，其人曰：「夏間因人口不安，就彼問卜，彼問竈何向，我對曰南向，彼曰宜改西南，我謹如其言。乃至秋而仍多疾病，又來問卜，彼仍問何向，我曰西南，彼曰應改正西，我亦如其言。今救冬後病都未愈，加以貿易折耗，無聊之至，故再卜之，彼問甘前，及我告之，院曰宜改南向，是仍復其初矣。自夏徂冬，我奉彼為蓍龜，乃顛倒如此乎！」眾大笑，為解勸之而去，陜因憶親串中有從相宅者之說，一歲中三易其，而復其初與此相類。然後則三人三說，此則一人而前後異說，尤可笑也。江湖術士之說，固無足據矣。

——清、羊失翁《耳郵》

好好解釋

鄞 縣名，在浙江省境內。

卜者 謂算命、卜卦之人。

設肆 指開站或擺攤子。

貿易折耗 做生意虧損。

無聊 聊，賴也，樂也；無聊在此謂潦倒失意而不樂。

蓍龜 本指用來作筮卜用的神物，在此借喻為神明之意。

親串 親戚。

相宅 即占擇住家，俗稱看風水。

教你看懂

鄞縣有一個以算命、卜卦為職業的人，在市區開設了一家店鋪做生意。某一天，有個男人在店中大罵，看樣子快要動手打人了。於是便有許多人圍上去，探問其中的緣故，這人說：「在夏天期間，我因家中人口不安，來找他卜卦指點迷津，他問我家的方位朝向何方，我告訴他向南，他說改朝西南，我便照他的話去做。但到了秋天時，家人仍多患疾病，我於是又來問卦，他再度問起我家的方位朝向，我說是向西南，他這時說應改朝正西，我又照他的話去改。等到入冬之後，非但病人的病情未見好轉，而且生意上也連連虧損，我在潦倒失意之餘，所以這次又來問卜，他照樣先問我家的朝向，誰知等我告訴了他之後，他竟然說要改朝南方，這根本就是改回最初的方位了。從夏到冬，我一直將他奉若神明，誰知他竟然如此地顛三倒四，害得我團團轉。」眾人聽了大笑，大夥忙作和事佬，最後總算把他勸走了。這件事使我想起了一位親戚，他曾經聽從看風水的說辭，一年之中也三次改變的方位，最後還正回復成原貌，與這件事的情形很類似。然而，我那位親戚是問了三個不同的風水師，因此各說各異，但這裡卻是同一個人的說法而前後矛盾，所以尤其可笑。像這種江湖術士的胡說，實在是毫無根據啊。

你要明白

一般的世俗大眾，在有錢、有閒或春風得意時，多數人便去「求田問舍」以置業置產，而遇事業不順、疑難當頭乃至百無聊賴時，則往往會去「求神問卜」。國人世代傳承下來的這種風氣，早已深入人心，以後恐怕還是如此。又即使是在置產期間，唯恐有所差錯，對產業的風水之說，極盡探究之能事，非但對一般大眾是如此，就連是高級知識分子亦在所難免。這確實令人費解而無奈，但卻更值得我們去深思其中潛在的背境與因素。

試問術士之言可信嗎？風水之說有憑據嗎？看完本則故事，不妨想想看。雖說它是一則「故事」，但事有類似、理可旁通，在現實社會中，其遭遇與故事中情節彷彿相似而飽受愚弄的人，恐怕不勝枚舉，嚴重的往往會變成社會問題，只是當局者迷，身處其中的人因過於盲目與迷信，以致被這些江湖術士騙了還在替他們數鈔票呢。

曾國藩受騙／防人之心不可無

曾文正在軍中，禮賢下士，大得時望。一日，有客來謁，公立見之，其人衣冠古樸，而理論甚警。公頗傾動，與談當世人物。客曰：「胡潤芝辦事精明，人不能欺；左季高執法如山，人不敢欺；公虛懷若谷，愛才如命，而又待人以誠，感人以德，非二公可同日語，令人不忍欺。」公大悅，留之營中，款為上賓，旋授以鉅金，托其代購軍火。其人得金後，去同黃鶴。公頓足曰：「令人不忍欺，令人不忍欺！」

——清、李伯元《南亭筆記》

好好解釋

曾文正 曾國藩，清代湘鄉人，字滌生，號伯涵，道光進士；為同治中興功臣第一，後以大學士任兩江總督，卒於官，諡文正。

理論 猶論理之謂，即評論事物之理。

胡潤芝 胡林翼，清代益陽人，字貺生，號潤芝，道光進士；咸豐間從曾國藩平定太平軍，授湖北巡撫，政績甚著，卒諡文忠。

左季高 左宗棠，清代湘陰人，字季高，道光舉人；咸同兩朝，以四品京堂統軍，攻洪楊，勦捻子，所向有功，卒諡文襄。

教你看懂

曾國藩在平定洪楊之亂的軍事期間，特別禮賢下士，很得當時的人望。某一天，聽說有客人來謁見，曾國藩馬上就出來接待，看這人的衣帽穿著，頗為古樸，且評論事務時，也很得體。曾國藩感覺這位客人不簡單，便與他聊起當時的知名人物來。客人說：「胡林翼辦事精明，別人無法欺騙他；左宗棠執法如山，別人不敢欺騙他；至於曾公您，平常是虛懷若谷，愛才如命，而且又以誠待人，以德感人，自非他們二位所能比的，因此別人不忍心相欺。」聽了這樣的話，曾國藩非常高興，便將此人留在軍營中，像貴賓般款待，隨即交付他一大筆金錢，請他代為購買軍火。誰知這人拿到錢後，便像黃鶴似地一去無蹤影。知道自己被騙了，氣得曾國藩跳腳說：「不忍心相欺，不忍心相欺！」

你要明白

綜有清一代，甚至包括漢、唐盛世在內，一位出身布衣的士人，最後能做到出將入相而受天下人寄予重望的，曾國藩可說是這種極為少數者之一，再加上他的道德文章，兼之其年代距今不算太遠，是故他的學問事功，非但為當世所重，百載之下，至今仍為人們所推崇。

但世事殊難逆料，如此傑出的人物，也會受人之騙而當冤大頭。看到這樣的過程，適足以證明，只要是人，就必然具有人性中的弱點或缺點，那怕這種缺點是那麼地細小，然一旦遇上高明的奸佞之徒，照樣還是會受騙上當的。

從另一方面來說，以當時曾氏兵權在握，虎帳生威，竟有人吃了熊心豹子膽，敢到大帥的軍營中來行騙，可見世情之詭詐與歹徒之狂妄，實古今皆然，這也提供了我們一項參考，待人接物之際，除保持適當的禮儀與尊重外，處處還是要提高警覺心。

諂效／害人不成

乾隆間，廣平一知縣某，將引見，遇大學士和公於朝房。某趨拜，和公掖之起。某必欲下拜，推讓間，竟將和公數珠扯斷，散落滿地如雨，和公失色，思必有以洩其怒。因嬉笑備詢職名，牢記於懷。後數日，上召見，奏對畢，時磁州缺山，上問何人可補。倉卒間，凡與和素暱者，皆不能憶，不得已，隨舉某名以對。上俞其請，即諭著補授，此亦善媚之效也。

——清、失翊清《埋憂集》

好好解釋

廣平 縣名，在今河北境內。

引見 即謁見皇上。。

和公 指和珅。和珅為清朝乾隆時期的權臣，累擢至大學士，貪婪專擅，聲勢烜赫；嘉慶帝即位後，隨遭褫職下獄，賜自盡，抄其家。

朝房 謂朝臣們入朝之際，在時間未到之前的等後之所。

數珠 亦名念珠，俗稱佛珠，用作念佛法時的計數之具。

上召見 指乾隆召見和珅。

磁州 州名，在河北境內。

素暱者 素來親近交好的人。

俞 表允許、同意。

教你看懂

乾隆年間，廣平縣有一位知縣，依慣例將謁見皇旁，在某日朝會尚未進行之前，他在朝房中等候時遇見了大學士和珅。這位知縣便趕忙走向前去參拜，和珅則用手將他拉起來。但這名知縣卻執意要跪拜下去，於是在兩人推讓之間，竟然把和珅掛在脖子上的佛珠給扯斷了，結果使得那些珠子像雨點般酒落滿地。當時和珅的臉色很不好看，但在他想到要報復洩憤後，立刻換成一副嬉笑的面孔，詳細地詢問了這名知縣的官職與姓名，並牢記在心。過了沒幾天，乾隆皇旁召見和珅，奏對完畢之後，由於當時磁州的知府一職出缺，乾隆皇帝就順便問起和珅，詢問何人適合遞補。在倉卒之間，凡是平常與和珅親近之人的名字，一時之間都想不起來，不得已之下，和珅只好將那名知縣的姓名報上去。結果乾隆同意了和珅的意見，隨即便下令要這名知縣補授了磁州知府的職缺，這種情形，也算是太常諂媚的效果吧。

你要明白

世界上有些事情，由於陰差陽錯的緣故，使其顛而倒之的發展結果，讓人看了會有些莫名其妙之感。雖然這種事情的發生機率非常低，但它一旦發生，往往會使人們的價值判斷產生錯誤，因為事情的發展不以人情義理為依歸，且其結局也與邏輯推斷相背離。

本則故事的情節十分奇特，因它沿著邏輯的思路一變再變：明眼人一看就知道文章中的某知縣與和珅，兩個都是壞蛋，照說這兩人應該是物以類聚、狼狽為奸才對，但因事有湊巧，讓該知縣誤捋了和珅的虎鬚，以致關係鉅變而使和珅下了決心要報這一箭之仇，形成了兩惡相傾；既然是眼看著有「惡人自有惡人磨」的好戲登場，誰知巧而又巧，竟然和珅反而幫了那名知縣的大忙，倒成了兩惡相濟。當然，所有的這一切，都是因無法預測的巧合所造成，我們自不能混淆了其間的是非善惡，也正因為如此，故原作者在文末以「此亦善媚之效也」這句話來作總結，其語氣中顯然有著質疑與嘲弄的意味。只是與前則故事相較之，我們再次看到了命運之神的難以逆料。

蝎子太守／威權統治下的諂媚功夫

雍正初，有一同知引見，不意帽中藏有蝎子，欲出不得，鉤其首甚痛，涕淚交并。世宗望見駭異，詢其故。乃免冠叩首詭曰：「臣感念聖祖仁皇帝六十一年深仁厚德，臣家兩世受恩，遂不自知涕淚之橫集也。」世宗曰：「此人尚有良心。」遂記名，以知府用。後人稱曰「蝎子太守」。

——清、錢泳《履園叢話》

好好解釋

雍正 清世宗胤禛的年號。

同知 官名，為佐貳官之稱。

引見 在此指謁見皇帝。按清制：凡官吏職高者，由特旨令進見，是為召見；而職卑者，則由吏部帶領引見。

聖祖仁皇帝 即玄燁，年號為康熙。

橫集 縱橫交集的意思。

教你看懂

雍正初年，有一名同知隨著吏部官員謁見皇上，沒想到帽子中藏著一隻蝎子，一時間無法將牠趕出來，螯得這同知的頭部非常疼痛，眼淚鼻涕都流了出來。雍正皇帝看到他這樣子，十分驚異，便問他是怎麼回事。該同知於是脫下帽子，叩著頭撒謊說：「我因為深感康熙帝六十一年的深仁厚德，一家兩代都蒙受皇恩，所以不由自主地哭了起來。」雍正聽了之後說：「這人還算有良心。」隨即記下了他的名字，後來還任命他為知府，人們於是管他叫「蝎子太守」。

你要明白

在我們今日口語中的威權統治，莫過於帝王的君臨天下，談到全球的帝王權威，其並非僅只一時之盛而是長達數千年之久者，則莫過於中國的封建時代。所謂「君要臣死，臣不得不死」，一言之出，生殺予奪，臣下者又怎能不畏君如虎呢？故事中的同知，雖身受蝎螫之苦而不敢說出實情，就是因為害怕帝王的淫威所致。

在歷史與稗官野史中，清朝中，雍正的統治尤其特別嚴苛，相傳他害父逼母、弑兄殺弟，加上令人聞之色變的「血滴子」，益發增添雍正的狠毒與殘酷色彩，面對一位如此的主子，那位知同在晉見時心中的畏懼，就更不足為奇了。只不過，小人畢竟是不學有術，急切中展現了他的諂媚功夫，以致連素稱精明的雍正皇帝也被他騙了，反倒予以陞官進爵，這無疑是對雍正王朝的一大諷刺了。

觀人於微／小可見大

客至，語極慷慨，甚慕古之有節概人，主人之子、姪皆為所動。客去，群謂：「此客大異於常，若使立朝，其汲黯流歟！」主人笑曰：「恐未然。」咸詢故，主人曰：「觀人者宜於微，不必彼所標幟觀也。適余問伊所衣呢之價，余短視，誤呼為絨。伊恐有觸於余，不敢呼呢，亦呼為絨。此極小事，而余與彼又無階級可言，彼之小心畏忌已如是，將來敢為批鱗事乎？」眾乃省然悟。

——清、汪康年《穰卿隨筆》

好好解釋

節概 志節度量。

立朝 立於朝班，借喻為官從政。

汲黯 人名，漢濮陽人，字長孺，景帝時為太子洗馬，武帝時遷東海太守；史謂其直諫廷諍，舉朝肅然，帝稱為社稷之臣。

呢 與後面之絨，各為毛織物之一種，用作衣料。

短視 即近視眼。

階級 在此指官位俸祿之等級差別或隸屬關係。

批鱗 又作批逆鱗或嬰鱗，大意謂人臣敢諫諍而冒犯君主之威嚴者，語見《韓非子，說難》篇。

教你看懂

某人出門做客，言談中極為慷慨，並表現出一付非常仰慕古代節概者的樣子，這使得主人的子姪輩都很感動。

等到這名客人離去之後，大家議論說：「此客人與常人大不相同，倘若讓他為官從政，大概會是汲黯之類的人物吧！」主人接口說：「恐怕未必。」眾人問其理由，主人答說：「看人要從小處去觀察，而不必隨著他所誇口處來著眼。剛才當我問他所穿衣服的布料時，因為近視看不清楚，誤將呢布說成絨布，誰知他唯恐對我有所觸犯，竟然也跟著我所說的絨而不敢直接說是呢。這原本是一件極小的事情，而且他與我又無任何上下隸屬關係，卻小心畏忌到這種地步，誰還能指望他將來一旦為官，敢於做出仗義批鱗之舉呢？」聽到這些分析之後，大家才省悟過來。

你要明白

「語」者，「言、吾」也，換言之，一個人的談話，所表達者理應是他自己的思維結果與心態反映，所謂「言為心聲」，指的正就是這種「原型」。

但由於種種複雜的社會與心理因素使然，有些人往往會作出違心之論，以求達成其別有用心的目的，在花言巧語的誇談侃論的掩飾之下，致令對方誤假為真乃至受騙上當；這種事不但有，而且還非常多，更可怕的是，受害者甚至導致傾家蕩產、家破人亡。

只不過，任何美麗的謊言，絕對禁不起當場的精密推敲與事後的事實印證，本故事便說明了這麼一項原則，而拆穿謊言的利器，乃在於「觀人於微」，因為「百密必有一疏」，而所疏忽的正在此微小之處。

另外值得我們注意的是，文章中提到「大異於常」這四個字，這似乎引伸了「物以稀為貴」的一般思考，然則異於常者，果真為貴乎？實則未必也！看看今日社會上的種種「超級猛秀」，無一不驚世駭俗，也無一不稀奇罕見，但真正能獲得社會大眾肯定或認同的，微乎其微，它無疑為喜好標新立異的人，潑了一盆冷水。

第二課

發揮理性與感性

安可以私害公／公私分明，豁然大度

皇甫文備，武后時酷吏。與徐大理有功論獄，誣徐黨逆人，奏成其罪，武后特出之。無何，文備為人所告，有功訊之在寬。或曰：「彼曩將陷公於死，今公反欲出之，何也？」徐曰：「爾所言者私怨，我所守者公法，安可以私害公也。」

——宋、王讜《唐語林》

好好解釋

徐大理有功 徐有功，唐代河南人，名弘敏，以字行；大理，官名，職掌刑法。

論獄 折獄也，即決斷訴訟之類者。

黨逆人 黨，袒護；逆人，泛指叛逆。

出 謂開脫之意。

無何 又作亡何，均表「沒有多久之後」。

曩 從前，以往；在此指「上一次」。

教你看懂

皇甫文備這個人，在武則天當權時是一名酷惡的官吏。有一次在與大理寺卿徐有功共同審判案件時，事後竟誣告徐有功袒護叛逆，並上奏朝廷而定其有罪，所幸到了最後，武則天還是將徐有功開脫了。這件事過了沒多久，皇甫文備也被人告發，而審理者正巧就是徐有功，但在審訊過程中，徐有功卻相當寬大。有人於是對徐有功說：「上次他那樣可惡，將你陷於死地，今天你卻反而為他開脫，這是為什麼呢？」徐有功回答說：「你所談到的，是他對我的個人私怨，但我今日之所以這樣做，執守的則是公法，豈可以因為私怨而害及公法呢？」

你要明白

在這則短短的故事裡，同時揭示了兩個問題，那就是如何正確處理「遭受與回報」以及「私怨與公法」所常帶給世人，在心理或情緒中的困擾與糾纏。由於這類問題的存在性及其本質觀，均不隨時空變化而更易，故此非常值得我們注意，而在亂象叢生的今日社會中，尤其需要探討。

身處於一個複雜的社會關係網中，自然會有人一時或不時遭遇到冤枉與委屈，身受者的本能心理反射，可以用一個「怨」字概括之。但後續發展下去的對待方式，則可充分反映出其人的法理觀點與自身的操守。

大凡報人之怨，其道有三：曰德，曰直，曰怨而已；換句話說，那就是「以德報怨，以直報怨，以怨報怨」這三種。顯然，要求以德報怨，那只是對提升道德修養的一種期望罷了，在現實中幾乎是不可能，即使賢如孔子者，對此也提出了反詰語「何以報德？」足可見「以德報怨」未免陳義過高而不切實際。反之，以怨報怨則是斷不可取的，因為這種「以牙還牙」的方式將會惡性循環不已，試想中東地區為何長期來被人們視為地球上的火藥庫，無非就是以怨報怨的結果。

歸結下來，可知「以直報怨」是我們處理人際關係的最佳選項，事實上，孔子在《論語・憲問》篇中，就為後世留下了「以直報怨，以德報德」這八字真言；而所謂「直」者，直道也，按朱熹的解釋，即「愛憎取舍，一以至公無私」之意。回顧故事中的徐有功，其公私分明與豁然大度之處，正展現出他對「以直報怨」的身體力行，也為後世立下了一個楷模。

逾年後杖／既守法律、又見人情

曹彬侍中，為人仁愛多恕，平定數國，未嘗妄斬人。嘗知徐州，有小吏犯罪，既立案，逾年然後杖之。人皆不曉其旨，彬曰：「吾聞此人新娶婦，若杖之，彼舅姑必以此婦為不利而惡之，朝夕笞罵，使不能自存，吾緩其事，而法亦不可赦也。」其用志如此。

——宋、李元綱《厚德錄》

好好解釋

曹彬 宋代靈壽人，字國華，性清介人恕，不妄殺一人、妄取一物，後封魯國公，卒謚武惠。

侍中 官職名，秦置；北宋時輔佐皇帝，議大政，掌內外傳達之事。

立案 猶言判案確定。

舅姑 婦人丈夫的父母，即公婆。

教你看懂

宋朝的曹彬，為人慈愛恕道，他幫助宋太祖平定了五代十國後期的西蜀、南唐與北漢，卻從未隨便殺過一個人。在任職徐州知府的期間，有名小官吏犯了罪，案子已經判決確定，曹彬則把該處以的杖刑，延到了一年之後才執行。

人們都不知道曹彬為何要這樣做，於是他解釋說：「我聽說這個人剛娶了老婆，若馬上執行刑罰的話，則他父母必然會認為，這是新娶之媳婦所帶來的不祥惡兆，進而厭惡乃至日夜鞭打她，有可能使這個媳婦自己覺得難以安身，在法無可赦的情形下，所以我將刑罰延後了一年執行。」他平時的待人處事，都是抱著這樣的態度與用心在做。

你要明白

儒家崇尚道德教化，但亦不排斥刑罰，故孔子在《論語．為政》篇中謂：「道之以政，齊之以刑，民免而無恥；道之以德，齊之以禮，有恥且格。」這是一種以德為主而以刑為輔的為政思想，後世的社會演變與政治發展，適足證明了此一思維的正確性，縱使到了二十一世紀的今天，依然適用。

這裡談了一個涉及律法及其執行的故事，從故事主角所說的那段話來看，曹彬是尊重且信守法律的。故有「法亦不可赦也」之語，但故事所要強調之重點顯然不在此，而是有如標題所示，有關延緩刑罰執行的問題，問題背面所潛藏的，則是曹彬的那顆仁愛多恕之心。

法外施仁，這是人們常說的一句話，嚴格地說，此處之「法外」仍屬「法內」，也就是「法律所允許的伸縮範圍之內」。舉例來說，當一個人駕車搶了黃燈，違犯交通規則的事實即已存在，警察依法便可開具罰單，但若情節輕微，且駕駛者又確實是因緊急事故而煞車不及，則警察有可能在一念之寬下，不予追究。

故事中的曹彬，正是根據這種法外施仁的類似概念，來處理那小吏的罪案，他只是將執行時間向後延緩了一年，便能兼顧到既守法律、又見人情這兩方面，這當然是他的成功之處，也是執法者值得參考的地方。事實上，在我國現行刑法中就有關於「緩刑」的規定，可見這種緩刑的措施，自古以來便已存在，只是在法治的今天，它早已明文化罷了。

沈文肅誅胥吏／先了卻公事，再辦私事

沈文肅公被旨為本省欽差大臣，省吏皆畏且忌。藩署胥吏某，平日挾指上官，以刻蠹起家，與沈有連，而沈素惡之。一日，以餉故，忤沈，沈立逮之至，數其罪，以軍法從事。布政為之哀請，不聽。方坐堂皇，而封翁手書至，沈置書案隅，曰：「了公事後，治私事耳。」卒誅之。事訖，發封，封翁書果為胥緩頰也。

——清、徐珂《清稗類鈔》

好好解釋

沈文肅 指沈葆楨。
被旨 被，受也；被旨在此猶謂奉旨。
本省 因徐珂為閩人，故本省指福建。
藩署 藩司或藩台官署。
胥吏 一官署中掌理案牘之官吏。
挾指 猶言挾持也。

刻𧑒 刻薄似𧑒。
有連 有親戚關係。
布政 指布政使，習稱藩司或藩台。
堂皇 在此指廣大的殿堂。
封翁 對顯貴者父親的尊稱。
緩頰 求情。

教你看懂

沈葆禎奉旨為福建省的欽差大臣，省內官吏都感畏忌。布政使衙門中有一胥吏，平日挾持上司，以刻薄起家，雖與沈葆禎有些親戚瓜葛，但沈葆禎素來就對他很厭惡。某一天，因軍餉的事故觸怒了沈葆禎，於是沈葆禎立刻將該胥吏逮來，立揭其種種罪狀，並依軍法辦理。布政使趕來為該胥吏哀請，沈葆禎卻不為所動。正當沈葆禎坐在衙門大廳中處理這件事時，有人送來了其父的親筆信，但沈葆禎先把信放在案桌的一角，並說：「理應了卻公事之後，再來辦理私事。」該胥吏終於被正法了。等到沈葆禎事後拆信一看，果然發現自己父親是來為該胥吏求情的。

你要明白

沈葆禎的年代距今並不算太遠，現時臺南延平郡王祠中仍然留有他的楹聯，楹聯中記載著從鄭成功開創維艱，造福後世等等事蹟，感人至深。沈葆禎為官清正剛直，史料中多有記載，本故事就提供了一個很好的範例。由於他奉派為福建省欽差大臣消息一傳出，該省的一些貪官汙吏馬上便感受到畏忌，所謂「人的名，樹的影」，憑此就已足夠說明了他的從政風範。除了指陳他執法嚴格的事實之外，文章中也描述了他是如何對人際關係善加處理的；簡言之，他已盡其可能地做到了「公私分明」與「公私兼顧」。

正因為欽差大臣的使命與職責所在，因此與他縱然有親戚關係的汙吏，自然也是在勢難遁，即便有布政使的哀請，但他嫉惡如仇終不為所動，可謂「公不徇私」。直到他的父親親筆信到來之際，以他的世事通透與人情練達來說，豈有不知這分明就是一封關說函，但他巧於安排，以「了公事後，治私事耳」這八個字作一交待，辦完案子後再拆信，由這種「先公後私」的舉措，也不難看出他在為政時的某些權衡的手腕，難怪當時的朝野對他的風評甚佳，而事蹟也在青史中留傳下來。

郭鳴上筮仕／嚴寬兩施，恩威並濟

郭鳴上筮仕，授昆山縣令。縣故劇難治，吏人且多豪滑。郭赴官，未至縣五百里，吏人十數輩迎於道。乃詐稱疾不起，自懷部牒，間道行一晝夜。抵縣，守縣吏方會飲堂廡，見一老書生，儀狀樸野，直上堂踞坐，皆大怒，叱逐之，不肯去。視其手中所持，若文書狀，迫視之，則部給昆山知縣牒也。

大驚，互相推擠，仆堂下。前迎令者，怪疾久不出，伺得其故，亦馳歸，適至，共叩頭請死罪。郭笑遣之，吏愈恐，不肯起。乃諭之曰：「若所為，我盡知之。今為若計，欲舞文亂法，快意一時而身陷刑戮乎？欲守公奉法，飽食暖衣與妻子處乎？」皆曰：「欲飽暖守妻子耳。」曰：「果爾，我今貸若罪，後有犯者，殺無赦。」吏皆涕泣悔悟。終郭任無犯法者。

——清、王晫《今世說》

好好解釋

郭鳴上 郭文雄，字鳴上，清初貢生，山西省人。

筮仕 古人出仕前先占吉凶，謂之筮仕；後世遂稱入官為筮仕。

故劇 故，原本，素來；劇，非常，極度。

部牒 部中文書，在此指吏部所頒發的委任狀。

間道 抄小路。

堂廡 公堂四周的屋舍。

樸野 樸實鄉土。

踞坐 傲然地坐著。

若所為 你們的所作所為。

果爾 若果真如此的話。

教你看懂

郭鳴上將要上任做官了，派授的是昆山縣的知縣。這個縣素來就極難治理，而且縣內的官吏多半是強橫狡滑之輩。郭赴任之際，在離昆山尚有五百里處，就遇到了前來迎接他的十幾個部屬。於是郭鳴上假裝有病要臥床，實際上卻帶著吏部的委任狀。抄小路趕了一個晝夜來到昆山。當他到了縣衙時，竟發現那些留守的官吏，正在公堂旁的屋子中大吃大喝。

這些人見到郭鳴上一付老書生的模樣，既樸素又鄉土，還居然走上來傲慢地坐著，便群起大怒，吆喝著要趕他走，但是郭鳴上卻不肯離去。官吏們看到郭鳴上手中拿的東西，像是文書之類的，於是就近一瞧，原來是吏部頒發給昆山縣令的委任狀。大夥這下才驚恐地起來，相互推擠著連忙跪下。

先前在途中迎接他的那些人，見郭鳴上久病不出都感到奇怪，等到察覺了真情後，也立即飛馳回縣，正好在此時趕到，便也都一同跪下叩頭請罪。郭笑著要他們離去，官吏們反而更加害怕，跪著不肯起來。郭鳴上這才教訓他們說：「你們平常的作為，我都知道。現在為你們設想是要舞文亂法以逞一時之快，但最後卻遭律刑嚴懲呢，還是要奉公守法，以確保豐衣足食和妻子兒女過安適的日子呢？」

所有的人一致回答：「願和妻子兒女一起過飽暖的日子。」郭說：「如果確實這樣的話，我今天就寬免你們的罪過，但若以後再犯，那就殺無赦了。」官吏們聽到後，都流著眼淚悔悟起來。直到郭鳴上的任期滿為止，這些人都未再從事違法亂紀的事。

你要明白

我國古時的知縣或縣令，對上而言雖只是個七品的小官，但對其之下或受其管轄者而論，卻是個萬萬得罪不起的人物，因為他握有實權，幾可獨斷一人之生死；故清代的汪輝祖（曾充當刑名師爺長達三十四年）在其《學治說贅》一書中說：「天下治權，督撫而下，莫重於牧令，雖藩臬、道府皆弗若也。何者？其權專也。」

這裡的牧令，意謂牧民官或地方官，實際所指的就是縣令；而縣令的權威之重，從這則故事中，我們便可一覽無遺了。當然，故事的主旨並非在強調知縣的權柄，而是在描述身為知縣的郭鳴上，如何地於走馬上任之初，即以嚴寬兩施，恩威並濟的政治手腕，為其爾後的治績，立下了良好的開始。

清代官場的黑暗與官員的無恥，尤其是在晚期，那是盡人皆知的，李伯元的《官場現形記》，是這類譴責小說的代表作，就在本文所介紹的這則故事中，我們依稀看到了《官場現形記》的部分縮影——新官尚在數百里外，就忙著去逢迎於途，這是諂媚；只要上官不在，公堂旁可以大吃大喝，這是不法；等到惡行暴露，廣庭中可以齊跪，這是無恥。

今天已是民主法治時代，體制早就絕然變革，只是舊時日所遺留下來的為官心態，恐怕仍或多或少殘存於少數的政治人物心中，毫無疑問，這當非人民所樂見。

貴臣之訓／何不食肉糜

定例，坤寧宮祭神胙肉，皆賜侍衛分食，以代朝餐，蓋古散福之意。有貴臣領侍衛者，因訓其屬曰：「居家以儉為要，君等朝餐既食胙肉，歸家慎勿奢華，晚間惟以糟魚醬鴨啖粥可也。」某侍衛應曰：「侍衛家貧，不能購此珍物。」某公乃語塞。其生長富貴不知閭巷之艱難若此，可知「何不食肉糜」之言，洵非虛也。又誡同族少年曰：「在外慎勿胡亂行走。」少年性黠，因故為不解狀，某公顏良久曰：「所以嫖妓等事是矣。」少年曰：「我輩外間皆名宿娼也。」一堂鬨然。

——清、昭槤《嘯亭續錄》

好好解釋

定例 既定的慣例。

坤寧宮 清宮名，在北京紫禁城坤寧門內，為皇后所居。

胙肉 祭祀用的肉，祭祀後分送給參加的人，意表賜福。

糟魚 用酒醃製過的魚。

閭巷 指民間社會。

赤頁顏 紅著臉。

教你看懂

依照清廷的慣例，在坤寧宮祭祀過祖先神靈的胙肉，都會分賜給侍衛們吃，用來代替早餐，這是沿襲古代散福的意思。有位統率侍衛的貴臣，某次訓誡其部屬說：「居家生活要注重節儉，你們在早餐時已經吃了胙肉，回家後可不能奢侈，晚上只需用腌魚醬鴨佐食稀飯就行了。」有個侍衛回答他說：「侍衛們家裡貧窮，買不起你剛才所說的珍貴東西。」這貴臣聽了，頓時說不出話來。他生長在富貴人家，如此地不知民間疾苦，可見「何不食肉糜」這句話，的確不是捏造出來的。

又有一次，這貴臣在教誡同族的少年們時說：「你們在外面切勿隨便亂走。」其中有一個狡黠的少年，聽後故意裝出不明白的樣子，這貴臣紅著臉很久才說：「我是指嫖妓之類的事。」那少年告訴他：「我們這些人，在外面宿娼是出了名的。」結果引來了滿座人的哈哈大笑。

你要明白

《晉書》中「何不食肉糜」這句話，多少年來不但演變成典故，也一直是世人口中流傳著的笑料。這則故事之所以貽笑千古的原因，是由於身繫天下的晉惠帝，至少犯了不知民間疾苦與不黯事理這兩大錯誤，試想天下荒亂而百姓餓死，何處有肉？既不見肉，何來肉糜？處身宮廷高牆之內的他全然不知，難怪史稱其賦性愚騃，良有以也。

然而，不知其名但與晉惠帝類似的，卻代有其人，而且數目難詳，我們故事中的那名貴臣，就是一個代表人物。在此他非但不知侍衛們的貧苦生活，同時也不清楚貴族子弟在外面的放蕩行為；明明是不通世事，卻又喜歡扮演長者世故的模樣來教訓別人，以致侍衛的回應讓他為之語塞，少年的答話惹來滿堂訕笑，也可說是咎由自取了。

醒悟／生意不成人情在

常州蘇掖仕至監司，家富而性嗇。每置產，吝不與直；爭一分，至失色。由喜乘人窘急時，以微資取奇貨。嘗置別墅，與售者反復甚苦；其子在傍曰：「大人可增少金，我輩他日賣之，亦得善價也。」父愕然，自是少悟。是大夫竟傳其語。

——清、潘永因《宋稗類鈔》

好好解釋

蘇掖 人名，事不詳。

監司 宋代官職名稱，具有監察各州官吏之權責。

與直 給足價錢。

奇貨 價值遠高於售價的物品。

自是 自從這件事以後。

竟傳 爭相傳誦。

教你看懂

常州有位人士蘇掖，官至監司之職，家境雖富有，但生性卻很吝嗇。每次置辦產業時，他都斤斤計較而不肯給足價錢；為了一分一毫的小利，可以爭得臉色都變了。尤其是喜歡趁別人財物窘迫時，往往以微薄的價錢收購到對方的好物品。有一次他在購買一所別墅時，與賣方討價還價，反復爭議不休；站在身傍的兒子於是就對他說：「父親大人，您就多出一點銀兩，萬一以後我們要賣它，也能得到個好價錢。」蘇掖聽到自己的兒子這樣說，驟然間愕然不解，但從此次事件之後，他便慢慢有所覺悟了。而在當時的士大夫之間，也爭相傳誦他兒子的那一席話。

你要明白

「求售冀得高價，購物期付低值」，這原本是自有「貨幣貿易」史以來，古今中外的普遍人性心理。大自跨國企業的購併，小至家庭主婦的買蔥買蒜，討價還價這種事，幾乎每分每秒都會發生在我們的周遭。一件交易之所以能夠成交，自然有其合理的行情或供需條件存在，否則若一方漫天叫價，而另一方又乘人之危，買賣非但做不成，還會傷害了雙方的情誼；有鑑於此，在我國古代的淳樸社會中，便一直流傳著「生意不成人情在」這麼一句話，也就是用來規勸世人在進行相關商業行為時的分寸捏拿。

本故事中的主角蘇掖，從「在商言商」的角度來說，他無疑是個「精幹老手」，但以為人處事而論，那就太不夠厚道了。而本文的主旨，正就是由蘇掖「富而性嗇、乘人窘急」的習性，反襯出其子的通達與淳厚。文末的那句話「是大夫竟傳其語」，非但具文章中的畫龍點睛之妙，更道出了原作者對蘇掖父子的道德評價；而正如文章標題所示，讀完這則故事的我們，是否也有所「醒悟」呢？

節母死時箴／人之將死，其言也善

荊溪某氏，年十七，適仕族某，半載而寡，遺腹產一子。氏撫孤守節，年八十餘，孫曾林立。臨終召孫曾輩媳婦環侍床下，曰：「吾有一言，爾等敬聽。」眾曰：「諾！」氏曰：「爾等作我家媳婦，盡得偕老百年，固屬家門之福。倘不幸青年居寡，自量可守，則守之；否則上告尊長，竟行改醮，亦是大方便事。」眾愕然，以為昏髦之亂命。氏笑曰：「爾等以我言為非耶？守寡兩字，難言之矣！我是此中過來人，請為爾等述往事。」眾肅然共聽。曰：「我居寡時，年甫十八。因生在名門，嫁於宦族，而又一塊肉累腹中，不敢復萌他想。然晨風夜雨，冷壁孤燈，頗難禁受。翁有表甥某，自姑蘇來訪，下榻外館，於屏後覷其貌美，不覺心動。夜伺翁姑熟睡，欲往奔之。移燈出戶，俯首自慚，迴身復入；而心猿難制，又移燈而出；終以此事可恥，長嘆而回。如是者幾次，後決然竟去，聞灶下婢喃諵私語，屏氣回房，置燈桌上，倦而假寐。夢入外館，某正讀書燈下，相見各道衷曲，已而攜手入帷，一人趺坐帳中，首蓬面血，拍枕大哭，視之，亡夫也，大喊而醒。時桌上燈熒熒作青碧色，譙樓正交三更，兒索乳啼絮被中，始而駭，中而悲，繼而大悔，一種女兒之情，不知銷歸何處。自此洗心滌慮，始為良家節婦。向使灶下不聞人聲，帳中絕無噩夢，能保一身潔白，不貽地下人羞哉？因此知守寡之難，勿勉強而行之也。」命其子書此，垂為家法，含笑而逝。後宗支繁衍，代有節婦，間亦有改適者；而百餘年來，閨門清白，從無中冓之事。

——清、沈起鳳《諧鐸》

好好解釋

荊溪 縣名，清代時屬江蘇省常州府。

改醮 婦人再嫁曰再醮，亦即改醮。

昏髦 猶言昏邁，指老人家頭腦不清楚的樣子。

姑蘇 江蘇省吳縣之舊稱。

熒熒 形容燈燭類的火光貌。

譙樓 古時城上建樓以望遠，謂之譙樓。

絮被 棉被。

中冓 一日中夜，謂淫辟之言。

教你看懂

荊溪縣有位婦人，十七歲那年嫁入一戶當官的人家，過了半年，丈夫就死了，稍後產下了一名遺腹子。這婦人自此守寡，撫養孤兒，到了八十多歲時，家中有了眾多的孫子、曾孫輩的親人。在她臨終前，這名婦人將孫、曾輩的媳婦召到病床下，告訴她們說：「我有幾句話，你們要注意聆聽。」大家同聲說：「好！」老婦人說：「你們身為我家媳婦，若婚姻都能百年偕老，固然是我們家中的福氣，但若不幸而年青喪夫，你們自己要慎重衡量一下，能守寡便守，否則坦誠告知尊長，自行改嫁也決無不可。」

大家聽到老太太這樣說，都驚訝地認為是老人家的昏邁之言，老婦人接著笑說：「你們以為我講錯了嗎？這守寡兩個字，真是談何容易！我是過來人，願意為你們談談往事。」大家立即肅然地聆聽。老婦人於是說：「我開始寡居時，剛滿十八歲。因為出生在有名望的家庭，再嫁入官宦人家，加上腹中懷有小孩，所以不敢有任何妄想。然而接下來的日子，那些晨風夜雨，冷壁孤燈，卻委實讓人覺得難以排解消受。我公公有個表外甥，有一次從姑蘇來我們家做客，睡在外館中，我從屏風後偷看他很美，不覺砰然心動。夜裡等到公婆睡熟了，我打算去與他私會，先是拿著燈走出了門，低頭一想有點慚愧，便返身回來，但心猿意馬真難以控制，於是又拿著燈走了出去，畢竟覺得此事可恥，只好長嘆而回。就這樣出入來回了好幾次，最後下定決心走去，就在這時聽到灶下婢女的喃喃私語，嚇得我壓低著氣息退回房中，把燈放在桌上，疲倦地下床打盹。迷惘間在夢中來到外館，那表外甥正在燈下讀書，兩人相見，互述私衷，隨後手牽著手準備要上床，誰知帳中有個盤腿而坐的人，正在拍枕大哭，他一頭亂髮又滿面是血，仔細一看，原來是死去的丈夫，我被嚇到大喊而醒。當時桌上的燈閃爍不停，譙樓上正敲著三更更鼓，兒子在棉被中哭著要吃奶，我先是害怕，接著悲傷，再來就大感後悔，滿腹的少婦之情，惆悵中不知朝何處寄託。自從這次之後，我洗除雜念，才成為真正的良家守節之婦。倘若當晚沒有灶下婢女的私語驚嚇，我打盹時就不會有那場惡夢，則又怎能保一身清白而不貽死去丈夫的地下之羞呢？所以我深知守寡的艱難，這是不可以勉強的。」

老婦人說完這段往事，並要他兒子將這些話記錄下來，留作家法承傳，隨即含笑而逝。這戶人家後來子孫綿延，各代都有守節之婦，間中亦有改嫁的情形，但百餘年來，始終保持著閨門的清白，從未發生過淫亂的事情。

你要明白

「人之將死，其言也善」，把握著這終其一生的最後機會，無人不想吐露出肺腑之言，或屬迴溯前塵，或屬交待後事，或冀弭一己之遺憾，或期盼子孫之福祉，要皆趁一息尚存，了卻平生心願，故遺言深受尊重，且如遺囑者，更由法律予以確認保障之。

本故事中的那位婦人，自花樣年華的十八歲開始守寡，到八十多歲的死前垂箴，其間經歷了多少的晨風夜雨與艱苦辛酸，但這些均非她所縈懷，念茲在茲的，則是一個年青婦人喪夫之後的「守寡或改嫁」問題，她以過來人的身分，為晚輩們詳述了其中之利害及難為，證諸其家庭往後百餘年的閨門清白，足徵其所見之是與所言之善，也難怪其後代將她遺言奉為家法傳承。

孔夫子曾說，「食色性也」，追求愛情或幸福的婚姻，這理當是每個人應有的權利，此因其本乎人性而與性別無關，但過往的男人可以姬妾成群，而婦人則被鼓勵去守寡，所謂「守節」者，其實只是存在於封建制度中，源於男性自私而加諸女性身上的一套枷鎖罷了。

林西仲出理徽州／懲罰與教化之力

林西仲出理徽州，時有府吏專寵稔惡。林廉得其跡，逮至，欲杖斃之。吏呼曰：「小人罪固當死，但以不能改遷善，賫恨泉下耳。」遂釋之。後吏以善稱於時。及林罷去，泣於道左曰：「非公之嚴，我竟以惡為生；非公之寬，我竟以為惡死。」聞者咸異其言。

——清、王晫《今世說》

好好解釋

林西仲 清福建閩縣人，名雲銘，字西仲；順治進士，曾任徽州府通判。

徽州 州名，位今安徽歙縣。

稔惡 積惡。

廉 暗中調查。

道左 道側。

賫恨 抱憾。

教你看懂

林西仲奉派出任徽州的通判，當時有名府中的官吏，仗恃著上司寵愛積惡多端。林經過暗中調查，掌握到了他的犯罪證據，於是把他逮捕到案，並準備依法杖斃。這名官吏判罪後，便向林西仲呼求說：「小人的罪，依法固然難免一死，但卻未能得到一個改過向善的機會，實在覺得遺憾九泉之下。」聽到刑犯這麼說，林西仲便把他釋放了。自此之後，該官吏的善行，便越來越受到外界的肯定。等到林西仲罷官而離開徽州時，該官吏便在送別的路側哭著向他說：「要不是先生的嚴格，我便會以為非作惡而度過一生；要不是先生的寬容，我便會因為非作惡而死去。」聽到這些話的人，都覺得很詫異。

你要明白

這又是一則執法者與犯法者，二人之間所發生的故事。相同的是，兩故事中的犯法者罪後均能改過向善，這不但直接地彰顯了「懲罰（法家）」的正面效果，而經由史實的流傳，也間接地對世人產生了「教化（儒家）」之功。雖然由於古時的立法不夠完備，使得林西仲在一念之間便決定了犯者的生死，難免讓我們想到人治凌駕法治的負面影響，但所謂「法外施仁」與「上天有好生之德」，這或許就可以讓我們將此故事視為，如何在「天理、國法、人情」三者中，求得一個平衡點的例子吧。

事實上，「聽訟、折獄」之難，遠超過一般局外人的想像，司法人員所感受到的壓力，也只有他們自己知道了。

戴高帽／拍馬屁的手腕

俗以喜人面諛者曰「戴高帽」。有京朝官出仕於外者，往別其師，師曰：「外官不易為，宜慎之。」其人曰：「其備高帽一百，逢人則送其一，當不致有所齟齬也。」師怒曰：「吾輩直道事人，何須如此。」其人曰：「天下不喜戴高帽如吾師者，能有幾人歟？」師頷其首曰：「汝言亦不為無見。」其人出語人曰：「吾高帽一百，今只存九十九矣。」

——清、俞樾《一笑》

好好解釋

面諛 當面談話時，利用言語來諂媚奉承。

京朝官 住在京城的中央政府官員。

出仕於外 奉命外放出任地方政府官員。

齟齬 因意見不合致彼此交惡。

直道 猶言正道也。

教你看懂

在習俗上，常常說那些喜歡別人當面奉承他的人為「戴高帽子」。有一位住在京城裡的朝官，奉命外放到地方上去任職；離開京城之前，他來向老師辭行；老師對他說：「做地方上的官吏並不容易，你得多加小心些。」這人答道：「我準備好了一百頂高帽子，到時逢人便送他一頂，應該不至於有人和我過不去吧。」聽到他這樣的話，老師發怒說：「我們要用正道待人，何必使出這種手段呢？」這人馬上接口說：「天下像老師這樣不愛戴高帽子的人，能有幾個？」老師聽了點點頭，並說：「你講的，也不是沒有見解。」這人向老師告辭之後，出來對別人說：「我的一百頂高帽子，如今只剩下了九十九頂了。」

你要明白

有句老話說：「千穿萬穿，馬屁不穿。」由一切專事阿諛諂媚人士所泡製而形成的「馬屁文化」，自古以來就存在我們的社會中，尤其以官場中最為盛行。有些人之所以事事兜得轉，行行吃得開，靠得就是這種又稱為「給人戴高帽」的「拍馬屁」手腕，箇中被稱高段者，直可謂「修成馬屁精，足見功夫深。」

從心理學層面上來說，喜歡親耳聽到別人對自己的誇獎與讚美，這原屬人之常情。但重要的是，說話者所講的應是由衷之言，而聽話者要想想看自己是否真的實至名歸？倘若這二者為非，那麼此虛構的應對中，便展示出人性的醜露面。反之，聽到別人對自己有所批評或指正時，其內心必然不開心，正所謂「忠言逆耳」，這是大家都熟悉的慣用語，我們不得不時時警惕自己，是否也習怪於別人對自己「戴高帽」而不自知。

再回到故事的本身，它無疑是一個笑話，此由原著的書名便已開門見山地點出來。然而其「意在言外」，「笑話」常與「寓言」同樣地具有其蘊含性，他所引伸或暗示出的「人情、物理、世態」，足供我們深思而借鑑，但除了喻世，「笑話」更比「寓言」多提供了一個「令人發噱」的功能。可惜的是，大多數人是抱著「看笑話」的心態來看「笑話」書，少有人去探掘其間之寓意，因而一笑之外，反倒真正失去了該學到的隱喻。由於笑話每每帶有強烈的諷刺性，尤其是對人性的陰晦面所鍼砭與慨嘆，因此原作者俞樾在該書的引言中，末尾處寫下了「莞爾之餘，彌復喟然矣」這麼兩句話，我們閱讀笑話書，理亦應作如是觀。

第三課

謙虛實在最加分

宣王好射／名實不相符

世有因名以得實，亦有因名以失實。宣王好射，說人之謂己能用強也。其實所用不過三石，以示左右，左右皆引試之，中闕而止，皆曰：「不下九石，非大王孰能用是！」宣王說之。然則宣王用不過三石，而終身自以為九石。三石，實也；九石，名也；宣王悅其名而喪其實。

——周、尹文《尹文子》

好好解釋

宣王 即戰國齊君齊宣王，威王之子，名辟疆。

說 通悅。

用強 使用強硬的弓。

石 度量衡的名稱：用為量時，百升或十斗謂一石；用為衡時，一百二十斤或四鈞謂一石；在此指後者。

引試 猶謂作勢拉弓來試試。

中闕 指弓拉張到一半。

教你看懂

世界上某些事情，有的是因名而得實，也有的是因名而失實的。例如戰國時代的齊宣王，他平常愛好射箭，喜歡人家說他能夠使用硬弓。實際上，他所用的弓，強度不過三石，但當他拿給左右隨從看時，隨從們作勢拉引，弓伸張到一半就停住了，然後都說：「這弓的強度不下九石，若非大王，誰能使用如此硬的弓！」齊宣王聽了之後，心裡非常高興。然而，宣王用的弓確實不過三石，但他終其生卻自認為是九石。這裡的「三石」，是實際的狀況；而所謂的「九石」，是浮誇的虛名；宣王好射的此一範例，正好說明了世界上有些人，總是貪愛虛名卻喪失了客觀的事實。

你要明白

所謂名實者，乃指名份與實際也；它作為一項議題甚至一門學問用來探討，早在先秦諸學說中，便受到相當的重視。位列「九流十家」中的代表人物之一，公孫龍在他的著作《公孫龍子》中，便載有「名實論」一篇，闡述正名之旨，為「名家」的主要觀點；另就「法家」而言，亦講求綜核名實之治。實則先秦諸子間的名實之辯，首起於「儒家」，此因「名不正則言不順，言不順則事不成」，乃孔子正名之說，欲求名實一致，以匡救時勢之昏亂。

名實一致理應是公認的常理，為大部分人所遵守。《莊子，逍遙遊》篇中有所謂：的「名者，實之賓也。」亦即「實以生名，名從實起。」可知實是指內在（主），而名是指外觀（賓）；若是名實不一，就如內外矛盾一樣，常言說的「名實不符」或「名存實亡」，指的便是這種情形。故事中的齊宣王，自己使用的弓，其強度明明不過三石，卻為了貪圖虛名，使左右得以諂媚奉迎，導至連自己都信以為真的以為是九石，從而陷入自欺欺人的境地。當然，正如文章起首所述，名實關係可有兩種情形產生：一是因名以得實，另一是因名以失實；毫無疑問，故事中所描述的是屬於後者。

季札掛劍／重然諾、許信用

季札之初使，北過徐君。徐君好季札劍，口弗敢言，季札心知之，為使上國，未獻。還，至徐，徐君已死。於是乃解其寶劍，繫之徐君塚樹而去。從者曰：「徐君已死，尚誰予乎？」季子曰：「不然，始吾心已許之，豈以死倍吾心哉？」

——漢、司馬遷《史記》

好好解釋

季札 吳王壽夢第四子，幼而最賢，亦名札，世稱延陵季子。

初使 首次出使。

徐君 徐國的國君。

上國 附庸國宗主國的尊稱。

塚樹 塚即冢，種植在墳墓近處的樹木稱冢樹。

倍 通假字，即背也，意指違背。

教你看懂

吳國的公子季札，初次奉派出使，北向路過徐國時，見到了徐國國君。徐君很喜愛季札身上的佩劍，口中卻不好意思說出來，這時季札心裡知道了，但因還要出使宗主國，所以未便當即將劍獻給徐君。等到季札完成使命之後，在回途中再次來到徐國，徐君已經死了。季札於是來至徐君的墳前憑弔，並解下身上的佩劍，將其掛在墓樹上之後才離去。隨從人員看到這情形，就問說：「徐君已經死了，你還要把劍送給誰呢？」季札回答說：「話不可是這麼說，打從當初一開始，我內心便已許諾要將劍送給他，怎可因為他已死，就違背我自己的心中承諾呢？」

你要明白

這是一則在文史方面非常著名的故事，見載於《史記・吳太伯世家》篇，對後世影響深遠，與此直接相關的典故，就有「掛劍」、「懸劍」、「許劍」、「延陵劍」與「季札（子）掛劍」等多條，且經常出現在騷人墨客的詩文裡，可見其所受重視的程度。

所謂「人言為信」，造字者已為我們點明了其中的要義，故而「重然諾、許信用」，應該是一個正人君子終身服膺的準則與規範。只不過，一個普通的人要嚴格地執行此一信條，卻也不是一件容易的事，多所見的，不是「輕諾寡信」者，就是「言而無信」之類的了。

王積薪聞棋／不可夜郎自大

王積薪棋術功成，自謂天下無敵。將遊京師，宿於逆旅。既滅燭，聞主人媼隔壁呼其婦曰：「良宵難遣，可棋一局乎？」婦曰：「諾。」媼曰：「第幾道下子矣。」婦曰：「第幾道下子矣。」各言數十。媼曰：「爾敗矣。」婦曰：「伏局。」積薪暗記，明日復其勢，意思皆所不及也。

——唐、李肇《國史補》

好好解釋

王積薪 唐朝玄宗年間人，以善弈名世，《集異記》、《天中記》、《北夢瑣言》等各書中，均載其事。

逆旅 客棧、旅館。

第幾道 泛指棋盤上某一位置。

伏局 伏，通覆；伏局在此謂棋局已敗，亦即認輸。

復其勢 將下過的一盤棋，據記憶所及，從頭逐一查驗之。

教你看懂

王積薪的圍棋造詣，已是功成名就了，他自己也覺得天下無人是他的對手。有一次他要去京城長安，途中住進了一家旅店。入夜熄滅了燈燭後，他聽到店家的老婦人，隔著壁板問她媳婦說：「今晚這麼好的時光難以打發，我們來下盤棋如何？」

媳婦回答道：「行呀。」老婦人說：「我在某處落子了。」媳婦說：「我在某處也下了一子。」兩人類似這樣各說了幾十次。於是老婦人說：「你敗了。」媳婦回應道：「我認輸。」王積薪將這一切，都暗中記了下來，等到第二天來復驗整盤棋的局勢時，發現許多地方的奇妙處，都非自己的棋藝所能理解與企及。

你要明白

在我們的日常認知中，熟悉的是下棋或觀棋，由於傳統使然，好此道者當不在少數；但我們故事的標題，說的是「聞棋」，而故事中婆媳兩人的對弈，使用的方式竟然是「口弈」，無論是「聞棋」或「口弈」，這非但不為我們所熟知，相信必有人根本就沒聽過這種下期的方法。

簡單地來說，聞棋或口弈的本質，就是閉目下棋，俗稱為「蒙目棋」，亦即棋手在心目中虛設一個棋盤，然後完全憑記憶與對方展開攻防，這無疑是非常困難的事，而有功力這樣做且能獲得勝利者，那鐵定也是個高手中的高手。

唐代的王積薪，許多記載中都指明他是一個圍棋高手，故事中的他原先也自認天下無敵，但細論故事中的三人，卻數他的棋藝最差，這是因為另據《集異記》中有——媼顧謂婦曰：「是子可教以常勢耳。」婦乃指示攻守殺奪、救應防拒之法——亦即老婦人認為他只算得上是中上之材，僅可授以常技。由此可知，世間無奇不有，所謂天外有天，人上有人，絕不可夜郎自大而目空一切，學問如此，萬事亦然。

故事中的婆媳兩人，隔著牆壁彼此都憑記憶對弈，就圍棋來說，現實中是不可考的，這是因為圍棋太過複雜多變。但對中國象棋而言，都獲有特級大師稱號的上海胡榮華與武漢柳大華，兩人均擅長「盲棋車輪戰」，都有記錄可查；至於在古時，《文山別集》中野記載有：「公（文天祥）暑月喜溪浴，與弈者周子善於水面以意為枰（棋盤），行弈決勝負，愈久愈樂，忘日早暮。」可見這種口弈，至少在宋朝時便確有其事了。

題壁／虛榮心在作怪

有一故相遠派在姑蘇，嘗嬉遊書其壁曰：「大丞相再從姪某嘗遊。」有士人李璋素號俳諢，題其傍曰：「混元皇帝三十七代孫李璋繼至。」

——宋、沈括《夢溪筆談》

好好解釋

遠派 遠房之族人。

姑蘇 指江蘇省吳縣，世稱姑蘇者，以其地以姑蘇山而得名。

嬉遊 泛謂遊山玩水之意。

再從 再，重也；從，同宗也；合「再、從」二字，意味血親關係更遠。如「從兄弟」只同祖父兄弟，而「再從兄弟」則指同曾祖父兄弟。

俳諢 戲謔作弄。

混元 世界開闢之始。《雲笈七籤》中謂：「混元者，記事於混沌之前，元氣之始也。」

教你看懂

有一個已死宰相的遠方族人，家住在姑蘇，某一次遊山玩水時，在遊玩處的壁面上題字曰：「大丞相的再從姪某某人曾來此一遊。」碰巧有位讀書人李璋，生平就喜歡以戲言作弄人，某日也來到這裡，看到上述的題字後，就在其旁續寫說：「開天闢地皇帝的第三十七代孫李璋隨後也曾經來過。」

你要明白

一個人在養成階段中，常會因種種緣故而沾染上許多不良習慣，其中之一便是俗稱的「塗鴉」，按該詞原指書法拙劣，字也寫的難看。由於難看的字使人無法賞心悅目，甚至心生不快，故引申之下，「塗鴉」在某些場合就也就被解釋成一種到處胡亂書寫的不良行為。塗鴉行為的典型「傑作」，那就是所謂的「廁所文學」，這種情形可說是貫通古今中外，其內容甚至是「精彩絕倫，無奇不有」，只是實在難登大雅之堂，因此也就為世人所詬病。本故事中所描述的，則是另一種塗鴉的形式，在重視環境保護的今天，這種破壞景觀的行為，尤應受到嚴厲的譴責。

從深入層面而論，這種看似「隨性為之」的到處留言，其實是有其心理背景的，就以本故事來說，該故相的遠房族人，顯然是好名心切，劈頭的「大丞相」三字，便已經充分反映了他那種攀龍附鳳的內在心情，用今天的話來說，這種幾近「打廣告」的做法，其目的無非是想要提高知名度，從而滿足其虛榮心。相當有趣而值得一提的是故事的後半段，表面上看來，李璋似乎在「非難」那故相遠派的攀親自炫，殊不知他自己所攀附的「級別」更高，即使以俳諧語見論，卻也顯見他那種口頭上愛占別人便宜的個性，說穿了，都是虛榮心在作怪。

陳秀公罷喝道／排場大不代表官位高

陳秀公罷相，以鎮江軍節度使判揚州。其先塋在潤州，而鎮江即本鎮也。每歲十月旦．寒食，詔許兩往鎮江展省。兩州送迎，旌旗舳艦，官吏錦繡，相屬于道，今古一時之盛也。

是時，王荊公居蔣山，騎驢出入。會荊公病癒，秀公請于朝，許帶人從往省荊公，詔許之。舟楫啣尾，蔽江而下，衙告而于舟中喝道不絕，人皆嘆之。荊公聞其來，以二肩鼠尾轎，迎于江上。秀公鼓旗艦舳正喝道，荊公忽于蘆葦間駐車以俟，秀公令就岸，大船回旋久之，乃能泊而相見。秀公大慚，其歸也，令罷舟中喝道。

——宋、王銍《默記》

好好解釋

陳秀公 陳升之，初名旭，字暘叔，北宋建陽人，神宗時封秀國公。

先塋 祖墳。

潤州 地名，今江蘇省鎮江縣。

十月旦 每月之朔日（陰曆初一）謂之月旦，故此處指十月初一。

展省 展拜省視，這裡指掃墓祭奠。

舳艦 大型船隻。

王荊公 王安石，字介甫，北宋時江西臨川人，神宗朝任宰相而行變法，卒未果，晚年退居江寧。因封荊國公，故世稱荊公而不稱其名。

蔣山 即鍾山，位於今南京市東北。

街告 沿途告示。

喝道 古代官吏出行，有儀仗士卒在前吆喝引導，謂之喝道；其目的是使行人迴避，交通順暢。

鼠尾轎 兩人抬的小轎子。

駐車 在此指停下轎子。

教你看懂

秀國公陳升之罷免了宰相的職務之後，以鎮江軍節度使的官銜駐守在揚州。他祖先的墓地在潤州，而鎮江是他的管轄區。每年陰曆十月初一與寒食，朝廷准許他兩次前往鎮江祭祖掃墓。每當他往返之際，揚、潤兩州的官吏，都會穿戴華麗的官服列隊迎送，陳升之坐在旌旗招展的大型船隻上，真可謂極古今一時之盛況。

這時候荊國公王安石居住在蔣山，往往都是騎著一頭毛驢出入該地。某一次適逢王安石病好了，陳升之請求朝廷，允許他帶領隨從去探望王安石。在得到朝廷的准許之後，陳升之集結了大量的船隻，首尾相聯順流而下，幾乎遮蓋了江西，另外還在大街上張貼告示，並在船上吆喝引導，以致於大家都慨嘆這種場面的盛大。王安石聽到他要來，就命令二個人用小轎子抬至江邊去迎接他。當船隊正在大肆吆喝時，陳升之忽然看見了岸上蘆葦叢中停轎等候他的王安石，於是趕緊命令舳艦靠岸，由於船身笨重，結果迴旋了很久，才得以泊岸相見。陳升之為此覺得非常慚愧，所以在他回去時，便下令隨從此不再在途中大肆吆喝引導了。

你要明白

我們從歷史中可以知道，王安石非但是一位大文學家，而且更是一位大政治家。就曾經有過的背景來說，無論是講名氣之大或權柄之重，陳升之都是難以與王安石比肩的人。但在這個故事當中，我們看到這兩人在待人接物上，有著截然不同的格調：前者誇示排場、扮威作福；後者輕車簡從、平易近人。文中以「大船回旋久之，乃能泊而相見」這簡樸的十二個字，素描式地點出了陳升之會晤王安石的窘態，也使得後世對此兩人的風骨留下了鮮明的不同評價。

劉生／自吹自擂

劉生者，好誇詡，嘗往弔無錫鄒氏，客叩曰：「司來何宴？」生曰：「昨與顧狀元同舟聯句，直至丙夜，是以晏耳！」少頃，顧九和至，問：「先生何姓？」客曰：「此昨夜聯句人也。」生默然。他日又與華氏子弟游惠山，手持華光祿一扇，群知其偽也，不發。時光祿養病山房，徐引入克坐，生不知為光祿，因示以扇。光祿曰：「此華某作，先生何自求之？」生曰：「與僕交好二十年，何事於求？」光祿曰：「得無妄言？」生曰：「妄言當剮其舌！」眾笑曰：「此公即華光祿也！」相與哄堂。錫人為之語曰：「狀元聯句，光祿題詩。」

——明、馮夢龍《古今談概》

好好解釋

誇詡 吹牛、說大話。

晏 遲也，晚也。

聯句 指文人墨客瞽人各一句，聯合而成詩也。

丙夜 古代以漏刻計時，將自昏至曉的一整夜普為一至五更，而與甲至戊夜成對應；故丙夜即指三更時分。

顧九和、華光祿 次為當時無錫地帶的名人，生平不詳。

惠山 即慧山，在江蘇省無錫縣城西，因昔有西城僧慧照居此，故名。別稱九龍山或西神山。

不發 未揭發出來。

山房 山中之寺院。

僕 文人自稱的謙詞。

哄堂 眾人齊笑狀。

教你看懂

有個姓劉的書生，很喜歡講大話，某次去無錫一位鄒氏人家弔喪，喪家的人問道：「先生怎麼來得這麼遲？」劉生回答說：「昨晚與顧狀元同船，在一起聯句作詩，直到半夜三更，所以今天來得遲了。」才一會兒，顧九和狀元也來了，顧九和向劉生問說：「先先貴姓？」聽到這話，喪家的人就說：「他就是昨夜與你在一起聯句作詩的人呀。」在旁的劉生默默無語，不敢答話。後來有一天，劉生與華家的子弟們一道游惠山，他手中拿著一把上有華光祿題詩的扇子，大家都知道那扇子是假的，只是沒有揭發他。由於當時華光祿正好在惠山的寺院中養病，故當一行人來到院內與華光祿見面坐下之後，劉生並不知道對方就是華光祿，所以就展開扇面向對方誇示。華光祿便說：「這是華某某的作品，請問先生是如何向他求得的？」劉生答曰：「他與我是二十年的好朋友，這種事還需要求嗎？」華光祿反問說：「該不會是亂講的吧？」劉生辯白說：「如果我是亂講的，自願割舌頭！」聽到這話，眾人笑道：「這位先生就是華光祿啦！」結果大夥鬧哄哄地笑成一堆。此事過後，無錫人口語相傳曰：「狀元聯句，光祿題詩。」

你要明白

在我們的日常生活中，往往會碰到一些好說大話的人，有時候他認為你不知底細而大吹大擂，也有時他明知你曉得真相卻仍照吹不誤。當然，前者的情形佔絕大多數，這在心理學上不難理解，但若是屬於後者，則顯然已經嚴重到有心理病徵了。

說大話俗稱「吹牛」，這是社會上一種常見的眾生相，若是情況輕微，例如「大丈夫有志難伸」，回到家中跳跳老婆兒子，小吹一番以發洩胸間塊壘，倒也可以原諒。但如果吹牛吹得過了頭、離了譜，那就往往會造成貽笑大方與自取其辱的結果，像故事中的劉生，他根本就不認識顧九和與華光祿，但吹起牛來卻說得活靈活現，不旋踵謊言被拆穿，除當場「無地自容」之外，事後被人嘲笑，竟成了「有口皆碑」的笑柄。古今以來有關吹牛的故事，簡直是不勝枚舉，而絕大多數的結局，則均演變成笑話。

冒詩并冒表丈／沽名釣譽

唐李播典蘄州，有李生來謁見，獻詩。播覽之，駭曰：「此僕舊稿，何乃見示？」

生慚愧曰：「某執公卷，行江淮已久，今丐見惠。」播曰：「僕老為郡牧，此已無用，便奉贈。」生謝別。播問：「何之？」生曰：「將往江陵謁表丈盧尚書。」播曰：「尚書何名？」生曰：「弘宣。」播大笑曰：「秀才又錯矣，盧乃僕親表丈，何復冒此？」生惶恐謝曰：「承公假詩，則并荊南表丈一時曲取。」播大笑而道之。

——明、馮夢龍《古今談概》

好好解釋

典蘄州 典，掌管；蘄州——唐代州名，治地在今湖北省蘄春一帶。

僕 古人對自我的謙稱。

江淮 本為長江與淮水的合稱，故引伸指江蘇與安徽兩省附近之地區。

丐 在此作動詞用，謂「請求」之意。

江陵 唐時府名，治地在今湖北省江陵縣；此地前後又被稱為荊州。

假 借也。

曲取 「借取」的委婉說法。

教你看懂

唐朝李播在掌管蘄州的時候，某一天有位李姓書生來謁見他，並獻上所攜來的詩作。李播看完之後，非常訝異的對那位書生說：「這些都是我的舊稿子，卻為何拿來給我看？」書生聽後慚愧地說道：「我拿著你的這些詩稿，在江淮地帶已經行走多年，這次是來請求你，就將它送給我吧。」李播接口說：「反正我已經是一個老郡牧了，這些詩作對我已無用處，送給你也好。」

正在書生告別之際，李播問他說：「之後你要去什麼地方？」書生答稱：「將赴江陵府拜謁我的表丈盧尚書。」李播緊接著問：「你這位尚書表丈大名叫什麼？」李生回答說：「弘宣。」於是李播便大笑起來，並且說道：「秀才你又錯了，這位盧尚書乃是我的親表丈，你幹嘛又要來冒充呢？」李生聽了大為惶恐，只好一邊謝罪還一邊辯解說：「既然承蒙你將詩作借給我，則一併將你那位表丈也委曲借用一下吧。」李播在大笑聲中，只好讓這名李生趕快離去。

你要明白

這則故事，讀來像是一個「笑話」，但對飽經世故與洞察人情者而言，他絕不作如是觀。證諸文章中的人物與情節，佐以我們日常生活中的經驗與見聞，則不難認定出故事中娓娓道來的，原本就是一篇如假包換的「實話」。

引用一句時下的流行語，這又何嘗不可視為「人性寫真集」中的某一頁呢？

沽名釣譽與攀親帶故，是世人中的那些作偽者，為謀求個人利益而必然且經常使用的手段。試觀故事中的李生，他先是將原作者李播的詩稿據為己有，並以此招搖撞騙，行走多年；或許是多行不義必自斃所使然，最後他竟然有眼不識泰山，活生生上演一場「大水沖倒龍王廟」的鬧劇。

然而我們都知道，個性與格調的養成，是經歷過長時期的淬煉與沈澱所得，故俗語說「狗改不了吃屎」，實在是一言道破了人類某些劣根性的宿命論。正因如此，故事中後半段的高潮再起，就發生在李秀才於「死不悔改」之餘，又一次冒認表丈失敗的情節中，令人不恥的是，兩次鎩羽猶不能讓他醒悟，居然以一句「并請借用詩作與表丈」來自飾其非，人性的沈淪，真是莫此為甚。

金陵張允懷／虛假不實的警惕

金陵張允懷，以畫梅游蘇杭間，其為人好修飾，雖行裝，必器物皆具。一夕，泛江而下，月明風靜，艤舟金山之足，出酒器獨酌。將醉，吹洞簫自娛，為盜者所窺。夜深，盜殺允懷於江，盡取其酒器以去，視之，則皆銅而涂金者也，此亦可為虛夸者之戒。

——明、王錡《寓圃雜記》

好好解釋

金陵 地方，今之南京。

蘇杭間 蘇州與杭州一帶。

行裝 出外旅遊之衣裝等。

艤舟 整舟靠岸。

涂 同塗字，在此作「鍍」解。

虛夸 虛假不實。

教你看懂

金陵張允懷，以畫梅花的目的遊學於蘇州與杭州一帶，這個人專愛修飾，即使是外出旅遊，也必定要帶齊日用物器。有一天晚上，他乘船沿江而下，當時月明風靜，他把船停靠在金山腳下，取出準備好的酒器，自酌自飲起來。在將要喝醉時，又吹起洞蕭來自娛一番，結果被附近的強盜所窺見，到了夜深時，強盜便在江中把他殺死，然後將他的酒器全部拿走，但卻在最後檢視這些酒器時，才發現都是銅製品，只是在上面鍍了一層金而已。此一事件，可以作為虛假不實者的警惕。

你要明白

俗話有所謂的「財不露白」，諺語也有「匹夫無罪，懷壁其罪」這樣的說法，這原是我們到了一定的年齡之後，每個人都會也都應該知道的常識。但說歸說，做歸做，總是會有一些人，或因粗心大意，或因有意炫耀，結果使得露白的錢財遭到歹徒的覬覦，隨之而來的不是被偷就是被搶，不幸者甚至會慘遭劫殺而喪失性命。

故事中的張允懷，其被殺一事可說是既「冤枉」又「活該」。冤枉的是，他並非是一個真正的有錢人，殺人與被殺，其間的動機與因果，大體上難脫「情、仇、財」這三個字，結果他卻因為被「誤殺」而死，所以說他死得很冤枉。然而，此一誤殺是怎麼引起來的呢？其實是他自己的浮誇行為所致，明明是銅器，偏要鍍上一層金，以炫耀、誇示來滿足其虛榮心，結果因禍上身、咎由自取而遭盜殺。豈非活該？

在物慾至上與唯利是圖的今日社會中，這個故事實在值得每個人加以深思與警惕，雖說其道理很淺，但並非每個人都會認真的去面對它，尤其是與此相類似的財不露白的問題。在《易，繫辭上》中有云：「慢藏誨盜，冶容誨淫。」這原本就是在告誡世人，不要去做一些禍由自招的事情。所謂「誨盜誨淫」盜與淫當然有罪，誨之者又如何能盡卸其責？例如一個穿著暴露到無以復加的檳榔西施，看在血氣方剛的青少年眼中，誰能知道他心中正在想什麼？若是發生非理性的事情，則這件事又該怪誰呢？若依《東萊博議》的論述，則「釣者負魚抑魚負於釣」之辯，看來在「檳榔西施」與「衝動少年」之間，恐怕也少不了一番辯論。

某太守好立名／沽名釣譽的後果

某太守者，好立名，而文字不甚了了。會府試文童，有賄囑幕友，冀得首名者。幕友知某守不學又多疑，往往微行竊聽。一夕閱卷，偵守將至，拍案嘆息曰：「佳文，佳文，可惜！」呼一友曰：「君試觀之，童子中乃有此才！」其中一人曰：「頃吾已閱百卷，間有佳構，似此作色色精到，竟罕其匹，雖擬以第一，無愧也。」某曰：「是決不可，微聞此生富於貲，東人善疑，寧少抑之，吾輩毋受惡名，其三五之間乎？」一人曰：「說亦良是，然此生屈矣。」某曰：「衡文當否，責在東人，我輩誰知者！」守悉聞所言而去。

他日荐卷，守攜一卷出而笑曰：「公等目不識文耶？此卷突過首作，乃列之第四，何也？」某笑不答。一友踧踖以情告，守搖首曰：「否否，避嫌非賢者事，科第中寧無富家郎乎？」卒首拔之，而幕中瓜分八百金矣！

——清、黃鈞宰《金壺七墨》

好好解釋

太守 知府，即一府之最高行政長官。

府試 按清代之考試制度，凡經縣試錄取之童生（即文童），得參加由該府太守所主持之本府考試，稱為府試。

微行 私下暗中進行；為古代官吏遂行其統治與探索下情，所常使用的方法之一。

色色精到 在此指文章的立論、架構與詞藻等各方面都非常好。

微聞 聽說與傳聞。

東人 東家之謂，在此即指該太守。

三五之間 介於三與五之間，即指第四名。

衡文 評定文章。

荐卷 在此指評審者在閱完所有試卷後，將優秀名次的試卷上呈給主考者，並評定名次以作主考者最後定奪的參考。

踧踖 恭敬並不安的樣子。

八百金 在此指八百兩白銀。

教你看懂

有位太守，平素熱衷於樹立自己的名聲，但本身的文字功力，卻實在不怎麼樣。某次碰上了由他所主持的童生府試，其中有一名富家子弟，便暗中向他的幕僚行賄，希望能得到這次考試的第一名。

由於幕僚們深知這位太守不學又多疑，並且常常在暗中竊聽部屬的談話，於是便將計就計安排一個圈套，來達成他們所希望的目的。有一天晚上在評閱試卷時，因為事先探知到這位太守會來偷聽，主謀者便故作姿態地拍桌嘆息說：「好文章，好文章，真是可惜呀！」並叫來一名閱卷者說：「你看看，小童生中竟然有這種才華的人！」這時另一名閱卷者又幫腔說：「剛才我已看過上百份考卷，雖然間中也有不錯的，但像你所說的那份，簡直是樣樣精妙，實在找不到其他的對手，若要將其排名第一，可說是當之無愧。」主謀者聽了卻說：「這可千萬不行，因傳聞該考生家中很富有，而我們東家又多疑，我看寧可少少貶抑一下，免得大家招受惡名，不如錄取為第四名，你們覺得還可以嗎？」有一人便接口道：「你說的也有道理，只不過讓這位考生受到了委曲。」主謀者又補充說：「評審文章是否得當，反正最後的責任在於東家，我們又豈能顧得了這麼多！」在暗中的太守，聽完了所有的這些談話才離去。

等到幕僚們將評定好的優秀試卷，上呈給這名太守做最後審核，太守攜帶著一份試卷出來對幕僚笑著說：「諸位難道不懂文章的好壞嗎？這份考卷遠超過第一名，你們卻將它列名為第四名，這是為什麼？」這時那個主謀者，只是在一旁笑而不答，而由另一個人裝作恭敬不安的姿態，將評審們所考慮的顧忌（只怕遭受到行賄的流言中傷）告知太守，太守聽了搖頭說：「你們都錯了，為了避嫌而埋沒了人才，這才不是賢者所應該做的事，難道高中科舉的人當中，就沒有富家子弟嗎？」最後，該太守執意將名富家子弟，由第四名拔升為第一名，而那些合謀的幕僚們，也就成功地瓜分了那八百兩的賄銀。

你要明白

大抵人性必有其所好，因而也就必有其所偏，偏而執之，則對事物自難以兼視、兼聽，「蔽」障於是在，而「弊」端亦隨即生。本故事中的某太守，汲汲於樹名沽譽，但本身卻不學無術，師心自用，最後落入幕僚們所設計的圈套中。作出了錯誤的判斷到反而還沾沾自喜，正就是對好虛名而個性剛愎者的一幅寫照。

平心而論，「立名」原本是一件好事，古人以「立德、立功、立言」為三不朽，所謂「三不朽」，是指那些曾經因為立德、立功、立言而可永垂青史以供後世懷念與景仰的前人；換句話說，也就是後人的楷模。

俚語有所謂的：「人死留名，豹死留皮」可見人們對死後要留下一個好名聲所重視的程度。但要注意的是，聲名有好壞之分：前者如美名、令名、盛名等；後者則包括有惡名、罵名、穢名之類。假使一個人只是汲汲於想要

「成名」，甚至是不擇手段與不分好壞地去盲目追求，一如晉代桓溫所說的「不能留芳百世，亦當遺臭萬載」，那便成了「為成名而成名」，試問這種「罵名」與「臭名」，對於國家社會與世道人心，何來正面助益？

捐官／商人本性

松江趙某者，以販布起家，其後捐一通判。引見時，上問其出身所自，對以向來販布。上曰：「然則何以捐官？」對曰：「竊以做官，較販布生涯更好也。」上怒，即著革職。某憤然，退至吏部堂上，大譟索金，曰：「既奪我官，應須還我捐貲也！」堂官聞之，發所司，掌嘴五十，笞一百，逐去。

——清、朱翊清《埋憂集》

好好解釋

松江 府名，在今江蘇省境內。

通判 官名，宋始置，各州、府均設有地位略次於其首腦的官吏；但在明、清兩代，只府置通判，主管糧運及農田水利等事。

引見 謁見皇上。

吏部 官署名，主管全國官吏的任免、考察、升降與調動等事務，長官為吏部尚書。

堂官 明、清對中央各部長官的通稱，在此即指吏部尚書。

所司 相關機構，此刻指刑部。

教你看懂

松江府有位姓趙的，原先以販賣布匹起家，後來花錢捐得到一個通判的官職。在上朝謁見時，皇上問起他的出身來歷，他老實地告知一向都是靠賣布為生。皇上接著問：「那你為何要捐個官職來做呢？」他回答說：「我認為做官這檔子事，要比販布的生意更好。」皇上聽了大怒，立即下令革除他的官職。

趙某人很氣憤，退朝後來到吏部堂上，大聲吵著要討回銀子，並說：「既然奪去了我的官職，就應該還給我所捐的金錢！」吏部尚書聽到這件事之後，將他送往刑部衙門，結果打了他五十個巴掌，還打了一百個板子，最後將他趕了出去。

你要明白

這是一則極具諷刺性的故事，表面上看來，僅屬提供一則的笑話，其實不然。細觀其中的情節，除了反映出清代捐官制度的黑暗面，以及趙某人時運「有夠衰」之外，讀後最值得我們推敲的，便是「說實話」與「在官場中是否該說實話」的問題了。

「話」這個字，舌所言也，亦即心中所想，藉由口中說出而非形諸筆墨者。正因為是對答，所以必須立即做出反應，故倉促中而「說錯話」的事情，每人都會有。但「說錯話」的情形很多，其中讓人最感無奈且心中有最難平的是，明明在「說實話」卻被人罵「說錯話」，而其衍生的結果，又往往非常嚴重。

有一次台積電的法人說明會，董事長張忠謀一席「半導體景氣轉弱」的說詞，立即在當晚的紐約股市引發殺盤，收盤時 NASDAQ 重挫，費城半導體指數，更是單日跌幅逾一成，震驚華爾街。到了第二天，也導致亞股全面急跌，台股加權指數再度大跌。由當日的盤後新聞看到，號子裡有人大罵張忠謀，理由居然是「他太老實」與「講錯了話」，害得投資人賠錢。姑且不論半導體產業往後的榮枯如何，但以張忠謀先生的專業地位及其所奉守的誠信原則來看，當下他既然有此認定，全球半導體市場就難免不受重擊，而他事前應不致完全沒有料及後果，只是在「說實話」與「說謊話」之間，做了他認為正確的選擇罷了。

再回顧故事中的趙某，他三次所說的，全都是實話，結果卻是人財兩空再加上挨了一頓揍。反之，若他在第二次回答皇上「何以捐官」的問題時，改謂「以社稷蒼生為念」，則其後續發展斷非如是。可見官場中，豈能處處都實話實說？否則，就不會出現「官樣文章」這樣的話了。

總之，說話非但是一門學問，而且是一種藝術。至於「說實話」與「說謊話」的對或錯，也沒有斷然的鐵則，一切都要視實際狀況作適當的拿捏。例如面對突然罹患癌症的病患，或者如空難中喪生者的高齡父母時，則「美麗的謊言」或「善意的欺騙」，有時也是一種不得不如此的選擇。

人蝦／生死之偽善

國初，有前明逸老某，欲殉難，而不肯死於刀繩水火。念樂死莫如信陵君，以醇酒婦人自戕，仿而為之。多娶姬妾，終日荒淫。如是數年，卒不得死，但督脈斷矣，頭彎背駝，傴僂如熟蝦，匍匐而行，人戲呼之曰「人蝦」。如是者二十餘年，八十四歲方死。王子堅先生言幼時猶見此翁。

——清、袁枚《新齊諧》

好好解釋

國初 清朝初年。

逸老 在此解作遺老，有反諷意味。

信陵君 戰國時代魏昭王少子，名無忌，封信陵君，仁而下士，食客三千人；後因中讒言，乃謝病不朝，與賓客醇酒婦人，病酒卒。

督脈 奇經八脈之一，為人體中央貫徹上下之脈。

傴僂 彎腰駝背貌。

教你看懂

在清朝初期，有一個名代的遺老，他想為明代的滅亡而殉難，但又不肯以刀（砍頭）、繩（上吊）、水（跳河）、火（焚身）的任何一種方式而死。結果想起信陵君的故事，認為像他那樣以醇酒美人自戕，是最佳的「安樂死」，於是就效法起來。這個遺老隨後便娶了許多妖姬豔妾，與他們終日荒淫無度。誰知這樣過了幾年他仍然沒有死掉，但督脈卻斷了，以致頭垂、腰彎、背駝的樣子，就像一隻煮熟的蝦子，加上他走路像在爬行，所以人們就戲呼他為「人蝦」。這樣持續了二十幾年，直到八十四歲時才死。王子堅先生說他自己年幼時，曾經親眼見過這個老人。

你要明白

「生」與「死」，毫無疑義是我們一輩子中最最重要的兩件大事，這標誌著人們自我個體的肇始與完結。若沒有「生」，自我本不存在，萬物與我何干？既有了「死」，個體便已消失，萬物又於我何礙？可是，「生」既不能自為之，「死」的最終權力又操諸造物主之手，而我們唯一能著力之處，就只有好好把握住生命延續期間的「存」，以享受其有生之樂。

正是基於對上述事實的認知，所以世人無不好生惡死，也無不貪生怕死。前人有詩謂「舉世盡從忙裡老，誰人肯向死前休」，這顯然是在描繪芸芸眾生相——惡死而圖存；諺語所說的「螻蟻尚且偷生，為人豈不惜命」，則更表現了生命的可貴；清人鄧漢宜在其「題息夫人廟」一詩中有云「千古艱難惟一死，傷心豈獨息夫人」，就益發突顯出生死之際的抉擇惟艱。事實上，對生命的全心愛顧以及對生存的戮力以赴，這非獨表現在人類社會中，在所有動物圈中也都莫不如此。

然而，人為萬物之靈，畢竟與其他動物有所別，人類生命的存在，並非僅只指肉體的存活而已。生命之所以存，必須伴隨有其價值之所以在，否則生命的存在便毫無意義。因此，對於那些鮮廉寡恥與無惡不作的歹徒，社會上常以「畜牲」稱之，便以認定歹徒已全然喪失了作為一個「人」的資格了。

故事中的「前明逸老」，其為貪圖酒色，更為了沽名釣譽，竟挖空心思，想出了只有他那種人才能想得到的方法，表面上是「一心殉難」，骨子裡卻在「盡情享樂」，非獨騙人，抑且欺天。這個「一心想死」的遺老，居然活到八十四歲才結束其骯髒的一生，有時真教人不得不興天道何在之感。不過，世道還是公平的，他除了在苟活之際所受到的肉身殘障外，人們對其所加的「人蝦」封號，毋寧說是另一種形式的懲罰。只是筆者在此覺得，就其「身形」言，固可呼之曰「人蝦」，但據其「心靈」而論，根本就是一個「人渣」。

總之，「假惺惺的偽善」，其所得到的結果，終究難逃「火辣辣的鞭撻」。須知忠臣與烈士，並非人人可以輕易地做到，否則今日的圓山「忠烈祠」，其存在又有何意義與價值呢？人各有志，長短自裁，但能盡其在我以求無愧於心，否則一味弄虛作態，其結果終將應驗馬援戒其姪兒書中的那句話——畫虎不成反類犬。

賣蒜叟／以貌取人吃大虧

南陽縣有楊二相公者，精於拳勇，能以兩肩負糧船而起。旗丁數百以篙刺之，篙所觸處，寸寸折裂，以此名重一時。率其徒行教常州，每至演場傳授槍棒，觀者如堵。忽一日，有賣蒜叟龍鍾傴僂，咳嗽聲不絕，旁睨而揶揄之。眾大駭，走告。楊大怒，招叟至前，以拳打磚牆，陷入尺許，傲之曰：「叟能如是乎？」叟曰：「君能打牆，不能打人。」楊愈怒，罵曰：「老奴能受我打乎？打死勿怨！」叟笑曰：「老人垂死之年，能以一死成君之名，死亦何怨？」乃廣約眾人，寫立誓券，令楊養息三日。老人自縛於樹，解衣露腹，楊故取勢於十步外，奮拳擊之。老人寂然無聲，但見楊雙溪跪地叩頭曰：「晚生知罪了！」拔其拳，已夾入老人腹中，堅不可出。哀求良久，老人鼓腹縱之，已跌出一石橋外矣。老人徐徐負蒜而歸，卒不肯告人姓氏。

——清、袁枚《新齊諧》

好好解釋

相公 對年輕讀書人的敬稱。
拳勇 指有勇力而善於擊技。
旗丁 清朝時運漕之水手人丁，因世襲其業，官給田糧，其八旗兵丁然，故稱為旗丁，各船有一定之旗號。
徒行 門徒輩。

龍鍾傴僂 形容彎腰駝背的老態。
睨 斜視貌。
揶揄 嘲戲之意。
老奴 辱人之語，猶如老傢伙、老奴才的意思。
晚生 對長輩時的謙稱。

教你看懂

在南陽縣有個楊二相公，精通武術，他的力道驚人，能夠用雙肩背負起整艘運載糧食的船隻。某次曾有數百名水手用撐船的竹篙來刺他，但當竹篙刺到他身上時，都寸寸斷折破裂了，因而他的名氣變得很大，楊二相公常帶著他的徒眾到常州去教授武術，每當在演練場所傳授槍棒的擊刺方法時，為官的民眾都擠得水泄不通。

有一天，演練場上出現一個彎腰駝背且咳嗽聲不斷的老人，正在斜著眼睛看他，且面露嘲戲之色，眾人大為驚訝，有人便跑來把這件事告訴了楊二相公。楊聽了大怒，便將老人招到面前，然後對著一堵磚牆揮拳擊出，使磚牆陷進了一尺多深，並傲慢地對老人說：「你能這樣嗎？」老人答道：「你只不過能打牆，但卻不能打人。」楊於是更為憤怒，接口罵說：「你這個老傢伙能經得起我打嗎？打死了可別怨人！」老人笑答曰：「我老漢已經是個快要死的人，如果能用我的一死來讓你成名，那還有什麼可埋怨的呢？」說完便當眾找了很多人作證，雙方簽立了誓卷字據，並且先讓楊好好休養三天。

三天之後，老人將自己綁在比試場中的一棵樹上，解開上衣露出腹部，楊二相公則故意遠在十步之外取勢，使盡力氣擊出一拳。未見老人有半點聲息，卻看到楊雙膝跪在地上，不住地磕頭求饒說：「小人知罪了！」原來他的拳頭被老人的肚子牢牢地夾住，怎麼樣也拔不出來，哀求了好久之後，老人才猛然一鼓肚子將他彈開，楊竟然跌出到另一座石橋的外面去了。老人挑起了他賣蒜的擔子，慢慢地走回家去，始終沒有對他人透露出自己的姓名。

你要明白

讀陶淵明的「桃花源記」，令人興起「天外有天」的想法，讀這則故事，則油然興起「人上有人」的慨歎。大抵天生萬物，無奇不有，而我們短暫的一生之中，其所見、所聞及其知，均極為有限，要能想據此以洞悉世事、透察人情，那確實是以管窺天、以蠡酌海。

常言說得好「大隱隱於市，小隱隱於朝」，可見廟堂雖高，在位之衮衮諸公並非盡屬賢能之輩，而寄身於江湖之卑，卻大有奇才異士在焉。就如我們故事中的賣蒜叟，嚴格說來雖不是什麼了不起的「大隱」或「奇才」，但以其能耐與週遭環境而論，又不能不承認他們都是隱身於紅塵中的高人。

然而在世俗的眼光中，總是「先敬羅衣後敬人」。對於那些有眼無珠之輩來說，老是認定那些看來販夫走卒的人，其內涵也必然與其外觀相同，因而衍生下來的人際對待及其發展結果，往往也就會產生戲劇般的情節。孔老夫子曾經說過「以貌取人，失之子羽」，這就是用來警惕我們平常的待人處事，絕不能只看外表，而是應該「視其所以，觀其所由，察其所安」，方才能「知人」與「識人」。否則，我們若是識人不清又加上魯莽行事，那麼故事中的楊二相公，其結局便是一個殷鑑。

第四課

認真成就美麗

薛譚學謳／盲目自信與淺嘗輒止的學習態度

薛譚學謳於秦青，未窮青之技，自謂盡之，遂辭歸。秦青弗止，餞於郊衢，撫節悲歌，聲振林木，響遏行雲。薛譚乃謝求反，終身不敢言歸。秦青顧謂其友曰：「昔韓娥東之齊，匱糧，過雍門，鬻歌假食。既去而餘音繞梁欐，三日不絕，左右以其人弗去。過逆旅，逆旅人辱之。韓娥因曼聲哀哭，一里老幼悲愁，垂涕相對，三日不食。遽而追之，娥還，復為曼聲長歌，一里老幼喜躍抃舞，弗能自禁，忘向之悲也。乃厚賂發之。故雍門之人至今善歌哭，效娥之遺聲。

——周、列禦寇《列子》

好好解釋

薛譚 古代歌者，學歌於秦青；兩人事亦可參見清朝應祖錫所撰之《尚友錄》。
謳 歌唱。
郊衢 城外大道。
撫節 打著節拍。
韓娥 古時韓國之善歌者。

雍門 齊國之城門。
梁欐 同梁麗，指屋棟。
逆旅 客舍，即今之旅館。
曼聲 引長聲音。
抃舞 鼓掌歡躍，言極樂之貌。
厚賂 厚贈。

教你看懂

薛譚跟隨著秦青學唱歌，尚未學完全部的技藝，但他自認為都學會了，因此想要辭別回家。秦青也不阻止他，就在城外的大路上為薛譚設宴餞行，席間打著節拍高聲悲歌，高昂的歌聲振動林木，連天上的行雲似乎都要停下來。聽到這樣的歌聲，薛譚知道自己錯了，連忙道歉要求留下來再學習，終身沒有重提回家的事。

秦青看著薛譚，告訴他這麼一個故事：「從前韓國有一位歌唱家韓娥，有一次東行去齊國，由於缺少吃的，所以在經過齊國的雍門時，便只好獻歌賣唱以換取食物。等到她唱完離開後，她的歌聲竟然繞著屋梁，餘音三日不斷，這裡的人們以為韓娥並未離去。後來，韓娥住進一家旅店，因為旅店的人欺侮了她，所以她拉長著嗓門哀聲哭唱，這使得全里的老老少少都悲傷流涕，三天吃不下東西，於是便派人把韓娥追了回來。韓娥返回之後，再度為他們歌唱，但卻是拉長了聲音唱起愉悅的曲調，這使得全里老幼個個都無法自禁而歡躍起舞，完全忘掉了先前的悲哀。最後韓娥離開那裡時，大夥贈送了厚禮給她，所以雍門的人到現在都擅長唱哀戚的歌曲，那是當年學唱韓娥餘音的結果。

你要明白

這是一則談到歌唱的故事，有幾點是值得我們留意的地方。其一，從歌唱、歌舞與詩歌這三個相關的詞語來看，我們不難發現，大凡與「歌」有關者，均有助於我們的身心健康：此乃因為甜美的歌聲，為我們帶來聽覺上的愉悅；優雅的舞姿，給予我們視覺上的享受；動人的詩詞，撫慰了我們善感的心靈。若是一場活動中，能兼備上述三種效果，那真是對大家都極有益處的事情。崑曲名劇「牡丹亭」，便是匯聚了文學、音樂、舞蹈與劇戲於一爐的綜合性藝術，比諸西洋的歌劇，有過之而無不及，觀賞起來確實令人動容與心折，仔細欣賞「牡丹亭」，全劇真可謂「有語皆詩，無歌不舞」，令人嘆觀止矣！

《列子・湯問》篇中的此則故事，為我們帶來了兩則大家都耳熟能詳的成語典故「響遏行雲」與「繞梁三日」。在故事中的前段，我們看到了人性中常易患的毛病之一——盲目自信與淺嘗輒止的學習態度。雖然薛譚能及時省悟與悔過，但若所遇到的老師不是秦青，則蒙受損失的仍是他自己，故事中的薛譚，正是大家應該借鑑與學習的榜樣。

運甓／苦其心志的實踐者

侃在州無事，輒朝運百甓於齋外，暮運於齋內。人問其故，答曰：「吾方致力中原，過爾優逸，恐不堪事。」其勵志勤力，皆類此也。

——《晉書·陶侃傳》

好好解釋

陶侃 晉代鄱陽人，徙家尋陽，字士行，早孤貧，為縣吏，後舉孝廉，歷官廣州刺使，荊州刺使，拜大將軍，在軍四十餘年，雄毅明決，聲譽卓著。

甓 塼也，塼又俗作磚。

齋 在此指房屋。

致力中原 為國效勞的意思。

教你看懂

陶侃在任職廣州刺史的期間，遇到無事時，便每天早晨將上百個磚塊從屋內搬到屋外，到了晚間又把那些磚塊搬回去。有人問他這是何故，他回答說：「現在正是我要為國出力的時候，如果過度優逸，恐怕難以勝任了。」

他平常致力於工作上的勤奮，以及志氣方面的自我勉勵，全都類似於這件事。

你要明白

人生而來到世上，就進入到一個動態的社會，所謂的行動，兼指活動與活動力這兩項意義，唯有經常多參加「活動」，方能增強我們的「活動力」，這是無人會加以否定的事實。

儘管從廣義的層面來看，活動的種類繁多，諸如社交活動，經濟活動乃至軍事活動等等；但簡單分類，則不外乎為智能活動與體能活動這兩大項。有句俗諺說「字要寫，拳要打」，由字面即知，這麼簡單的六個字，非但已點出個人活動項目的兩種代表，而且也指明了強化藝能與體力的不二法門，就在「勤」字。

陶侃的故事，看在一般人的眼中似乎毫不為奇，甚至會被捉狹者譏為「吃撐了，沒事找事做」，但重要的是，他那心繫國家的情懷與勵志向上的精神，絕非常人所能做到。事實上，這麼一則簡短故事，在後世卻廣為流傳，被人引為效法的範例，如明朝嘉靖年間的進士史桂芳，就在一封戒子書中說到「陶侃運甓，自謂習勞，蓋有難以直語人者。勞則善心生，養德、養身咸在焉；逸則妄念生，喪德、喪身咸在焉……。」

換言之，「運甓」故事中的人生哲理，就在史桂芳的這封信裡，被透析出來，而「直語人」了。好逸惡勞，原被理解為常人的通病，也是人們與生俱來的劣根性之一，試觀社會上的種種作奸犯科，舉凡賭博、盜竊乃至印製偽鈔等等，哪一項不是起因於好逸惡勞的結果？而犯罪者的下場，又有哪一個不是印證了「思逸則妄而喪德喪身」的真諦？

《孟子‧告子》篇中的「故天將降大任於是人也，必先苦其心志，勞其筋骨」，可說是無人不知的教誨語，問題的困難之處在於，知道其中的道理而不能深悟其中的意義，深悟其中的意義者卻無法付諸於行動，況且行而未果著又比比皆是，以致於一般人，在琅琅上口這段話之餘，沒有人會真正的去行動。反觀陶侃之所為，可說是孟子言論的身體力行者，所以才能獲得後人的稱讚。

最後要特別說明一下，《晉書》是一部由唐代房玄齡等人奉敕撰述的正史，參與其事者計有二十一人之多，並非一人的作品，因此在前面就沒有標示出該書的作者姓名，這是與過往所介紹者不同的地方。

飯後鐘／樹老無花僧白頭

王播少孤貧，嘗客楊州惠昭寺木蘭院，隨僧齋 。諸僧厭怠，播至。已飯矣。後二紀，播至重位出鎮是邦，因訪舊遊，向之題，以皆碧紗幕其上，播繼以二絕句曰：「二十年前此院遊，木蘭花發院新修；而今再到經行處，樹老無花僧白頭。」「上堂已了各西東，慚愧闍黎飯後鐘；二十年來塵撲面，如今始得碧紗籠。」

——五代、王定保《唐摭言》

好好解釋

王播 字明敭，唐代楊州人。德宗貞元年間進士及第，曾屢官鹽鐵轉運使、淮南節度使等職；穆宗語文宗朝，亦曾先後為相。

孤 幼而喪父曰孤。

飡 同餐字。

紀 古時以十二年為一紀。

向 謂過去、從前。

幕 這裡名詞作動詞用，只「罩住」；文中的最後一字容「籠」，亦同此意。**慚**與慚同。

闍黎 梵語「僧侶楷模」之音譯「阿闍黎」的略稱，在此泛指僧人。

教你看懂

王播少年時因喪父家貧，曾寄居楊州惠昭寺木蘭院，並跟隨寺內僧人在一起開伙，稍後僧人們對他感到厭惡而對他輕忽起來，某次等到王播趕至餐廳時，所有的僧人早已吃過飯了。二十幾年之後，王播以高官的身分出使楊州地區，於是重訪少年時經歷過的舊地，他見到自己從前在牆上所題的詩，現在已全部被綠紗罩起來了，感慨之餘，便在原詩後續題了兩首絕句。大意是說：「二十年前我遊歷此地時，在一片木蘭花開的景象中，看到了新修的寺院；但如今再來到舊地時，所見到的則是美景已不在而群僧白了頭。回憶起那次聽到鐘聲來到飯堂時，發現僧人們早已吃過飯而各自回去了，方才領悟到是僧人捉弄了我，故意將飯前敲鐘的規定改為飯後才敲，當時的心情真是慚愧；經歷了二十幾年的人生奮鬥、風塵歲月之後，當年我在淪落時的題詩，如今總算得到了綠紗罩護的榮寵。」

你要明白

人生的起伏變化與得失窮通，往往是難以逆料的。在勢利得世俗社會中，若從旁觀者的立場來看，王播的前後遭遇原也不足為奇，只是身為當事人的他，曾經切膚之痛，一旦當其故地從遊，面對「樹老、花無、僧頭白」的「物異人非」情景時，則想要他不發出感慨萬千也難。這是一個非常著名的真實故事，在唐代以後的詩文中，不時有人將「飯後鐘」或「碧紗籠」引為典故。例如南宋的陸放翁，在其「枕上作」一詩中，便有「雖無客貢樽中酒，何至僧鳴飯後鐘？」之句。

又在北宋年間，也曾發生一則與前文相當類似的故事，見諸《青箱雜記》一書的卷六中，大意是說北宋名臣寇準，年輕未仕時曾與友人魏野同遊陝西某寺，兩人在牆上各有題詩。若干年後，寇準早已顯達，但魏野仍無功名，當兩個老朋友再度從遊原寺時，發現寇準的詩已有碧紗罩護，而魏野的詩則任其「塵昏滿壁」；這時有位慧黠的隨行官，為恐魏野難堪，就趕快用衣袖將魏詩處的塵土拂拭掉；然而魏野卻不以為意，徐及吟詩曰：「若得常將紅袖拂，也應勝以碧紗籠。」看到此一情景，寇準也不禁大笑起來。

陳子昂／成功的自我行銷

《獨異記》載，子昂初入京，不為人知。有賣胡琴者，價百萬，豪貴傳視，無辯者。子昂突出，謂左右曰：「輦千緡市之。」眾驚問，答曰：「餘善此樂。」皆曰：「可得聞乎？」曰：「明日可集宣揚裡。」如期偕往，則酒肴畢具，置胡琴於前。食畢，捧琴語曰：「蜀人陳子昂，有文百軸，馳走京轂，碌碌塵土，不為人知。此樂賤工之役，豈宜留心？」舉而碎之，以其文軸遍贈會者。一日之內，聲華溢郡。時武攸宜為建安王，辟為書記。

——宋、計敏夫《唐詩記事》

好好解釋

陳子昂 唐代文學家，字伯玉，梓州射洪人。

《獨異記》 書名，亦作《獨異志》，唐朝李亢撰，該書與《全唐詩話》，均載有陳子昂的此則故事。

輦 在此指運送。

緡 本指繩，用於貫錢成串，一緡千錢，故此為計量單位。

百軸 軸，書卷之謂，按古書皆用卷子，中心有軸；百軸即表百卷。

京轂 指京師或京城，即今之首都。

武攸宜 人名，武則天娘家的子姪輩。

辟 徵召。

書記 掌管書牘奏記之人，唐代元帥府與節度使僚屬皆有掌書記者。

教你看懂

《獨異志》中記載說，陳子昂入京初期，很少有人知道他的名字。某日在大街上碰見一個兜售胡琴的人，一把琴要價高達百萬，一大夥有錢有勢的人，爭相圍觀，卻無一人能識，這時陳子昂從人群出現，對跟隨左右的人說：「回去運一千緡錢來，將這把琴替我買下來。」眾人大為驚奇，都來問原因，陳子昂回答說：「我精通這種樂器。」眾人又說：「能否讓我們聽聽你的演奏？」答說：「要聽琴曲的，明天可到我家中來。」

第二天，大夥準時來到陳家，見到有招待客人的酒菜，那把胡琴也在現場。吃完飯，陳子昂手捧胡琴對眾人說：「我是蜀人陳子昂，現有文章上百卷，在京城多時，卻不為人知；而拉奏胡琴，不過是樂工的事，豈該是我們讀書人應該耗費心力之處？」說完話，就將琴摔得粉碎，並把自己的詩文，分送給這些與會者。一日之內，便因此事及其詩文，使陳子昂的聲譽，得到滿城人的讚美。當時武攸宜身為建安王，於是馬上徵召陳子昂為書記。

你要明白

唯有非常之人，當非常之際，遇非常之事，遂有非常之舉，本故事中的人物與情節，大致上可作如是觀。

用時下流行語言來說，文章的內容，無疑流露出濃厚的「作秀」況味。

不過，這卻是一場精彩絕倫的作秀好戲，因為其規劃周延慎密，手段翻空出奇，雖說所費的成本不低，但其績效卻是非常好的，最後幾乎可以說是名利雙收，是一次舉世無出其右的成功自我推銷記錄。

我們當然無意鼓勵現今社會上的那些，大多荒腔走板、離經叛道的演出，甚至走火入魔而引起社會大眾的普遍責難。說得更確切些，某些不知所云且惡形惡狀的自我吹噓，只是在盲目地追求曝光率與知名度，委實扭曲並糟蹋了「秀（show）」字的本義，因其意思原指表演、陳列、展現等一系列的正當行為。但不幸的是有少數人，在利慾薰心之下，面對攝影鏡頭所呈現出的乖張行舉，留下不好的示範。

談中國文學史，不能不談唐朝，那是中國詩歌發展到極致的時期，所謂唐詩、宋詞，各擅一代之風騷；而談到唐詩，除了李（白）、杜（甫）等外，也不能不談談陳子昂其人。

說起陳子昂的生平，確實帶有點傳奇性，雖然他後來獲得韓愈用「國朝盛文章，子昂始高蹈」如此的詩評，加以推崇，但他在早年時期，卻是一個吃喝玩樂而不愛讀書的人。直到十七、十八歲之後，因為從一個偶然的機會中省悟過來，才開始奮發圖勵，除詩文大進之外，並有了治國平天下的遠大理想。

一般人對他最為熟知者，莫過於他的「登幽州臺歌」中的詩句——「前不見古人，後不見來者，念天地之悠悠，獨愴然而涕下——悲涼蒼勁，讀來的確令人動容。不過在文壇上，更為著名或至少不下於「登幽州臺歌」的，則是他的「感遇」詩，在這首五言八句的感懷詩中，作者描繪了美好的生命與理想，如何由綻放而至凋零，一種懷才不遇的惆悵與悲哀，讀後使人頓興「美人香草、屈子離騷」之嘆，由於篇幅與主旨的關係，我們僅引述原詩供讀者們欣賞——「蘭若生春夏，芊蔚何青青。幽獨空林色，朱蕤冒紫莖。遲遲白日晚，嫋嫋秋風生。歲華盡搖落，芳意竟何成？」

讀別字／讀書不求甚解

有訓蒙者首教《大學》，至「於戲！前王不忘」句，竟如字讀之。主人曰：「誤矣，宜讀作『嗚呼』。」師從之。至冬間，讀《論語注》之「儺雖古禮，而近於戲」，乃讀作「嗚呼」。主人曰：「又誤矣，此乃『於戲』也。」師大怒，訴其友曰：「這東家甚難理會，只『於戲』二字，從年頭直與我拗到年尾。」

——明、馮夢龍《笑府》

好好解釋

訓蒙者 啟蒙老師，此處指私塾先生。

於戲 在此就是嗚呼的意思。

前王 指周文王與周武王。

《論語注》 書名，古來注解《論語》的著作甚多，此處未指明何家。

儺 古時的一種風俗、禮儀，意在祛邪逐疫，可參見《論語．鄉黨》篇。

教你看懂

有位私塾老師，首先教學生讀《大學》這本書，講解到該書中所引述《詩經》的「於戲！前王不忘」時，竟然全句照字面唸。主人知道不對，就說：「老師錯了，這裡的於戲，要唸成『嗚呼』。」那老師同意了。到了年底，在讀《論語注》中的「儺雖古禮，而近於戲」時，則把於戲兩字唸為「嗚呼」。主人告訴他說：「老師又錯了，這裡的『於戲』應照字面唸。」那老師很生氣，便對朋友訴苦說：「我這個主人實在難侍候，只為了『於戲』兩字，就和我從年頭一直拗到年尾。」

你要明白

這當然是個笑話，因為原著的書名就叫《笑府》，然而，就算沒有其人，但與其類似的事，卻經常發生在我們的周遭。事實上，我們每個人在讀書與講話時，或多或少都會有唸錯字音，也就是讀別字的經驗；這種情形，持續地存在於社會中，若是不信，請多留意電視節目中的談話，便知此言不虛。

與外國文字不同的是，中文除了有一字多義，還有一字多音的特點，這種字稱為破音字。破音字的形形色色，有時可以引發「笑」果，如本故事便是其中一例。又有些破音字可用作文字遊戲，藉此增強我們的語文能力。

故事中，由於那老師不知「於戲」的兩種讀音，又不去思索前後文的意義，故造成「該東說西、該西說東」的錯誤，自己不知反省，倒怪起別人難侍候，真的是誤人子弟。一個人讀別字的情形在所難免，若想不犯錯，尤其不想在大庭廣眾中出醜的話，則除了不要隨意使用自己不熟悉的文字之外，剩下的便只有多查字典一途。

而兩種不同讀音所關涉到的結果，非但意義迴異，而且語法也全然有別。

當其讀為「於戲」的字面音時，「於」是介詞，「戲」可作為名詞或動詞使用，二者合而為詞組；若是讀成「嗚呼」的話，則成了感歎詞。而且，前者只有一種寫法，後者則又可寫作烏乎、於乎、烏虖、於虖等等。

靳閣老子／生兒不象賢

丹徒靳閣老有子不肖，而其子之子卻登第。閣老每督責之。曰：「翁父不如我父，翁小不如我子，我何不肖？」閣老大笑而止。

——明、馮夢龍《古今談概》

好好解釋

丹徒 古時縣名，即今江蘇省鎮江縣。

靳閣老 靳貴，明朝丹徒人，字充遂，弘治進士，武英殿大學士；自唐至明，皆稱宰相曰閣老，亦為大學士之稱謂。

登第 中舉獲有功名。

翁 對老年男人的通稱，一般含有敬意，在此為靳閣老之子對乃父的尊稱。

教你看懂

身為大學士的丹徒人靳貴，有個不長進的兒子，不過此子之子，卻已經有了功名。因此，靳貴就會常常督責他的這名兒子。有一次兒子又受到靳貴的責備，其子回嘴說：「您父親不如我的父親，您的兒子不如我的兒子，我那有什麼不長進的呢？」聽完這話，靳貴大笑而止。

你要明白

本故事初看之下，似覺只是輕鬆好笑而已，但經仔細玩味，則至少仍有兩點值得我們省思。

首先要談的，是人生的造化與志氣的問題。由於原文甚短而未曾明白交待，靳貴是否生有多名兒子？且其子所生的諸位孫子，又是否一一登第？如果二者都是肯定的，我們只能為其不肖子的造化而遺憾。倘若設想他們祖孫三代單傳，則從其子的答話中，我們不難看出，世界上總有些人，一輩子是抱著「我行我素」的態度來安身立命的。壓力或勵志，對這種人是起不了作用的，且往往所謂的「人各有志，長短自裁」，又成了他們的推託振振之辭。

其次，內文涉及到辯術。在廣義的韜略智慧中，顯見於語言方面者，即為辯（論）術；辯術的名稱當然有多種，諸如雄辯、巧辯、強辯與詭辯等均屬之，本故事中的答話技巧，正是在使用詭辯手段。須知在本質上，詭辯術完全與哲學相反，此因哲學的目的是求「真知」與「真是」，而詭辯者所護衛的為「非是」，其目的乃在「求勝」而非求真。

具體而論，這裡使用到的伎倆可稱為「移花接木」，此為邏輯上「偷換論題」的方式之一，它將對話雙方所言的同一名詞具有不同的指稱對象加以轉換，再配合彼此的特殊關係，因而使詭辯得逞，亦即達到求勝（至少不敗）的目的。

反之，若將答話中所涉及到的四個人，分別以「祖、父、子、孫」來定名，現不去糾纏其間之關係而只問各人的事實表現，則是非頓明而賢不肖立判。

蔣衡／先見之明

年大將軍羹堯鎮西安時，廣求天下才士，厚養幕中。蔣孝廉衡應聘而往，年甚愛其才，曰：「下科狀元當屬君也。」蓋年聲勢赫濯，諸試官皆不敢違故也。蔣見其自用威福，驕奢已極，因告同舍生曰：「年公德不勝威，其禍立至，吾儕不可久居於此。」其友不聽，蔣因作疾發辭歸。年以千金為贐，蔣辭不受，因減半與之，乃受而歸。未逾時年以事誅，幕中皆罹其難。年素奢侈，費用不及五百者不登諸簿，故蔣辭千而受百者，此也。

——清、昭槤《嘯亭雜錄》

好好解釋

年羹堯 清漢軍鑲黃旗人，號雙峰，康熙進士，累官四川總督，平西藏，授川陝總督，後晉太保，封一等公，因功高而驕，為雍正所忌，最後下獄賜死。

孝廉 舉人之別稱。

赫濯 濯者，大也；赫濯猶謂顯赫。

贐 送給遠行者的財物謂之贐，多為金錢；贐亦寫作賮。

教你看懂

年羹堯在鎮守西安的時期，廣泛網羅天下有才學的人士，以優厚的待遇收住在他的幕府中。有一位叫蔣衡的孝廉應聘而來，很受到年羹堯的欣賞，有一天年羹堯對他說：「下一科的狀元，應當是非你莫屬了。」年羹堯之所以如此講，是因為其聲勢顯赫，主持考試的官員都不敢違背他的意思。蔣衡見年羹堯作威作福，驕橫奢侈已經到了極點，就告訴同住的友人說：「年公的德行不及於他的威勢，禍害很快就要來，我們不可長居此地。」這位友人不肯聽他的勸說，蔣衡便假托生病要告辭回家。年羹堯原本要送他一千兩銀子作為路費，但蔣衡不肯接受，後來數目減半之後，便只好收下帶回家去。過了沒多久，年羹堯果然獲罪被殺，幕府中的人都因牽連而遭了殃。由於年羹堯素來奢侈，手筆太大，凡是不超過五百兩銀子的費用都不登帳，因此蔣衡當時肯接受的銀兩數是五百而非一千，就是這個道理。

你要明白

年羹堯的排場與威赫，在康熙、雍正兩朝是少見的，雖然先前被雍正許為心腹重臣，但他既犯了功高震主的忌諱，也忘了伴君如伴虎的危機，最後落了個抄家賜死的下場，自有其自取之道。

相較之下，蔣衡卻具有遠非年羹堯所能企及的警覺心，他能見微知著並進而做到明哲保身，在當時的情況下，確非一般人所能比擬的。試想一位權傾滿朝的封疆大吏，能親口對你許以下科狀元且十分看重你時，普通人連拼命巴結都還來不及，誰又能毅然決然地急流湧退呢？果然隨著事態的發展，很快就印證了他原先的正確判斷，這無疑是一種先見之明與前瞻的能力。

博徒識人／市井英雄

某孝廉，家貧落魄，無以維生，貸於親友，皆莫之應。有一博徒，獨善遇之，時有饋遺，以資薪米。及公車北上，又為治裝，且贍其家。未幾，孝廉捷南宮，授縣令，感念舊恩，使人招之，謝不往，曰：「吾儕呼盧喝雉，席地帷天，放浪久矣。一入朱門，則束縛欲死，非所以愛我也；使我居君之所，仍日日外出，從牧豬奴遊，不於君官聲有損乎？又非所以愛君也。」孝廉乃使人贈之千金，亦不受，曰：「君雖日贈我千金，亦不過供我博場一擲而已，徒傷君惠，而無救我貧，不如其已也。」

此博徒見識甚高，使淮陰侯能見及此，則無鳥盡弓藏之嘆矣，誰謂市井中無英雄哉！

——清、俞樾《右台仙館筆記》

好好解釋

孝廉 科舉取士名詞，鄉試上榜者曰舉人，俗稱孝廉。

公車北上 公車，本為主受上書與奏章之官署名；由於中鄉試者可參加在京師所舉行的會試，故公車北上在此謂舉人赴京城應考。

捷南宮 指會試中試。

呼盧喝雉 本指賭博時之吆喝聲，後即借喻賭博，特別是如擲骰子之類者。

席地帷天 以大地為床席，以蒼天為蓬帳；形容生活之潦倒。

牧豬奴 對賭徒之鄙稱。

淮陰侯 指韓信。

鳥盡弓藏之嘆 以韓信於秦末助劉邦而得天下，然先封楚王，繼降淮陰侯，卒為呂后所殺，故後世惜之；並借鳥盡弓藏以喻功臣於事後遭上位者所棄。

市井 市井為城市中交易之處，在此借喻流俗所在。

教你看懂

一位落魄的孝廉，貧困到無以為生，向親友們借貸時，遭逢的都是相應不理。但卻有個賭徒，獨獨對這位孝廉很好，往往都有所餽贈，以資助他的日常生活。等到孝廉要赴京趕考的時候，該賭徒又為他張羅所需，並且替他養家。過了不久，孝廉中了進士，朝廷授以縣令之職，因為感念舊恩，故孝廉就派人想把那名賭徒接來家中同住，但卻遭到婉謝，賭徒並誠懇地說：「像我們這種賭徒，過的都是以天為蓬帳，以地為床的日子，隨便放浪慣了，一旦進了官府，豈不束縛欲死？這樣做對我並沒有好處；如果我不自行約束，仍然跟原先那批人鬼混，則對您的官譽豈不有損？這麼一來反倒害了您。」孝廉見無法如願後，就改採另一種報答的方式，差人送去千兩銀子，誰知那賭徒還是婉拒不受，回話說：「您就算每天贈我千金，也不過是供我一場豪賭而已，到頭來我終究還是兩手空空，這非但有傷您的厚惠，也無法改變我的素貧，我看不如順其自然吧。」這個賭徒的見識，可說是相當高超的了，如果韓信當年也能有這般見識，就不會讓後世有鳥盡弓藏的感嘆了，誰敢說市井中沒有英雄人物呢？

你要明白

讀完了這篇短文，想起了頗堪玩味的兩句話，那就是「仗義不乏屠狗輩，負心每多讀書人」，或因有感而發，或因一時激憤，我們自不能以偏概全。但徵諸事實，這兩句話卻也有其正確性，廣為人知的一例，便是被包公以虎頭鍘伺候的陳世美，無疑為一個典型的負心讀書人，且相似的例子多不勝數。

理論上來說，讀書的目的是為了求知與明理，經過不斷的積累，讀書人的學識與智慧，必將與時俱增，進而為世所用。但十分遺憾的是，實際上，古今中外都有一些飽學之士，挾其所學與能力而危害世人與社會，力有未逮者，卻也只顧及其一己之私，而不曾絲毫造福於他人，反而不如一個未受教育的人。

本故事中的那名博徒，本質上來說，是一個「市井英雄」之類的人物，從內文中所描述到他的行為與言論來看，又豈是一般自私自利的書癡所能望其項背？難怪原作者將他與淮陰侯韓信相提並論，可見對他的評價之高。說英雄，道英雄，問千秋萬世，造就了多少的成名英雄？更尚有多到數不完的自命英雄。所有這些，卻也未必盡屬真英雄！就以韓信而論，世稱「漢初三傑」之一，該算是名垂古今的英雄了，然則亦有人題詩譏笑他說：「窮不能自存，達不能自保，千古稱英傑，為之一笑倒！」至於非議他為「婦人之仁」者，那就更多了。

第五課
培養智慧的眼光

楚弓楚得／大公無私

楚共王出獵而遺其弓，左右請求之，共王曰：「止，楚人遺弓，楚人得之，又何求焉？」仲尼聞之，曰：「惜乎其不大，亦曰：『人遺弓，人得之』而已，何必楚也。」仲尼所謂，大公也。

——西漢、劉向《說苑》

好好解釋

楚共王 春秋時楚莊王之子，名審，在位十三年，卒謚共，事見《史記》。

求 尋求、尋找之意。

仲尼 即孔子。

不大 在此謂胸襟不夠大。

教你看懂

楚共王有次出去打獵，不慎將他的弓遺失了，下屬們請命要去找尋回來，共王就說：「楚國人遺失的弓，到時候一定會讓楚國的人撿到，又何必去找尋呢？」孔子聽到這件事之後，便評論說：「可惜楚共王的胸襟，畢竟不夠大，他只需說『有人遺失了弓，總有人會撿到』就夠了，大可不必冠上那個楚字！」孔子如此的見解，才算是大公的。

你要明白

「長幼有序，親疏有別」，這是一種極為自然的情形，前者為一客觀事實，且由社會所共同認知，後者固亦有其事實層面，不過有時卻由個人的主觀認定所決定，有句相當損人的話——娶了老婆忘了娘，便是對「親疏有別」

一辭的質疑。但無論如何，只要親疏關係一經確定，則好處之分享，必然是因著親疏遠近之程度而遞減，所謂「肥水不落外人田」，指的就是這麼一回事。

本故事選自劉向的《說苑》，那是一本有如「名言彙編」的古書，原作者以其隻眼獨具，經過熟慮深思，輯錄了先及漢朝以來諸子自家之雜事，並依其內容分為二十類，此文即載於第十四類的「至公」之中，該類中的所有故事，均在強調去私不黨，首章即引帝堯禪讓之事，可見他對大公無私精神的推崇，本文則借楚王失弓一事，藉孔子之言，再次說明了他的觀點。

以現在的語言來說，本文的主旨是在批評楚共王的「格局不夠大」，楚弓遺之楚人得，其實就是「肥水不落外人田」的意思，反之，孔子的大公精神才是原作者所認同的。

然而相當有趣的是，還有一則類似的故事——荊人有遺弓者而不肯索，曰：「荊人遺之，荊人得之，又何索焉？」孔子聞之曰：「去其『荊』而可矣！」老耳聞之曰：「去其『人』而可矣！」故老耳則至公矣——這裡的荊人即楚人，老耳乃指老子李耳。

故事的真實性暫且不談，但其意境則是更上層樓。換言之，這裡有三種說法，分別對應著三種不同的措詞用字，且用字愈少者，其胸懷愈大，排列起來頗富趣味，茲將這三種情形作一比較：

荊人曰：「荊人遺之，荊人得之。」——有私。

孔子曰：「人遺之，人得之。」——大公。

老子曰：「遺之，得之。」——至公。

許允婦／愛其色不如愛其德

許允婦是阮衛尉女，德如妹，奇醜。交禮竟，允無復入理，家人深以為憂。會允有客至，婦令婢視之。還答曰：「是桓郎。」桓郎者，桓範也。婦云：「無憂，桓必勸入。」桓果語許云：「阮家既嫁醜女與卿，故當有意，卿宜察之。」許便回入內，既見婦，即欲出。婦料其此出無復入理，便捉裾停之。許因謂曰：「婦有四德，卿有其幾？」婦曰：「新婦所乏唯容爾。然士有百行，君有幾？」許云：「皆備。」婦曰：「夫百行以德為首，君好色不好德，何謂皆備？」允有慚色，遂相敬重。

——南朝宋、劉義慶《世說新語》

好好解釋

許允 三國時代魏之高陽人，仕至領軍將軍。

阮衛尉 指阮共，衛尉為官名。

德如 即阮侃，字德如，為阮共之子。

桓範 魏之沛郡人，字元則，官至大司農。

裾 衣之前襟與後襟，皆可稱裾。

四德 指《女誡》中的四行，即「婦德、婦言、婦容、婦功」。

新婦 新婚之婦人，在此為自稱。

百行 泛指各種行為。《詩．衛風，氓》之箋云：「士有百行，可以功過相除」。

教你看懂

許允的妻子是阮衛尉的女兒、阮德如的妹妹，長相非常醜陋。行過婚禮後許允便不再進入新房，他的家人深感憂慮。其一次碰上有位客人來探視許允，其妻便叫婢女去看看是誰。婢女回來答說：「是桓公子。」桓公子即為桓範。許妻於是說：「這就毋須擔憂了桓範必定會勸他進來的。」桓範果然向許允說：「阮家既然會將醜女嫁給你，理當是有用意的，你應該觀察觀察。」許允便回到室內，等看到妻子後，馬上又想出去。其妻料想他這次要是出去了，便難以令他再進房間，所以就拉住許允的衣襟，讓他停下。許允於是說：「婦人要有四德，你有幾項？」其妻答說：「我所欠缺的，只有容貌而已。然而士人本該有種種的好品行，你又有哪幾項？」許允說：「我全都具備了。」其妻回答說：「上百種的好品行中，是以德行最為重要，你如今愛好女色而不喜好德行，怎能說是百行皆備？」許允於是面有愧色，自此之後，夫妻便相互敬重了。

你要明白

這是一則很出名的故事。南宋的劉義慶，將它列述於所著《世說新語》中的「賢媛」篇，就是在奉告天男子娶妻時，「愛其色不如愛其德」；同時也是對孔子所說的「吾未見好德如好色者也」（見《論語，子罕》篇）這句名言，再次發出慨嘆。

不過，「愛美」是人類最基本的天性之一。沒有人願意自己天生醜陋，也沒有人會刻意去選擇一個面目奇醜的伴侶廝守終生。否則，男婚女嫁時的所謂「相親」，大可免除；而時人趨之若鶩的美容、整形與瘦身等行業，也就不會大發利市。可見世人對其本身及其配偶的長相與容貌，無不擇求嚴苛，力圖完美。春秋時代，楚靈王好細腰，致後籍有載：「楚王好細腰，宮中多餓死。」愛美至此，令人無話可說。

但我們必須知道，對「美」的追求，決不是對「色」的攫取；但聞「色不迷人人自迷」，未聽到過「美不迷人人自迷」這種說法。李延年詩中謂「一笑傾人城，再笑傾人國」者，色笑也。曩昔勾踐復國的故事，世人至今能詳，「越女如花」，古來詠之者多矣，而「西施沼吳」，能從其中吸取教訓者，又有多少人呢？

張孝基／貴在明理

許昌士人張孝基，娶同里富人女。富人只一子，不肖，斥逐之。富人病且死，盡以家財付孝基，孝基與治後事如禮。久之，其子丐於途，孝基見之，惻然謂曰：「汝能灌園乎？」答曰：「如得灌園以就食，何幸！」孝基使灌園。其子稍自力，孝基怪之，復謂曰：「汝能管庫乎？」答曰：「得灌園，已出望外，況管庫乎？又何幸也。」孝基使管庫。其子頗馴謹，無他過。孝基徐察之，知其能自新，不復有故態，遂以其父所委財產歸之。

——宋、李元綱《厚德錄》

好好解釋

不肖 不成材、不成器。

治後事如禮 按喪禮治事如儀。

丐於途 沿路行乞。

稍自力 漸漸可自食其力。

馴謹 溫馴謹慎。

故態 老毛病。

教你看懂

許昌有個名叫張孝基的讀書人，娶了同鄉一位富人的女兒為妻。這富家只有一個兒子，卻很不成器，結果被趕離了家門。後來富人重病身亡，臨終前將全部家財都交付給女婿張孝基，張孝基隨即按照禮儀，為岳父辦完了喪事。過了很久，那富人的兒子淪落成了乞丐，有一天在乞討時碰上張孝基，張孝基眼見這樣，便同情地問他說：「你能澆灌園子嗎？」富人之子回答說：「如能靠澆灌園子這個差事換口飯吃，自然再好不過了！」張孝基於是讓他打理澆灌園子的事情。漸漸地，那富人之子竟能自食其力，這讓張孝基覺得有點奇怪，便再次問他說：「你會管理倉庫嗎？」富人之子答稱：「可以澆灌園子，已經讓我喜出望外，如果能去管理倉庫，那就更加幸運了。」張孝基就要他去處理倉庫的事情。

富人之子後來變得很溫馴，也很謹慎，再也沒有犯什麼過錯。經過慢慢的觀察，張孝基確知他已經改過自新，完全去除了早年的壞毛病，便把他父親托付給自己的家財交給了他。

你要明白

有句俗話說：「有理天下去得，無錢寸步難行。」前者告訴我們，為人做事，尤其是出門在外，處處都要講理，因為置身外界，不像待在家裡，縱然你是父母的心肝寶貝，別人大可不必買你的帳，唯有大家各守規矩，相互善待，才不致惹來麻煩。而作為一個知識分子，也就是過往所稱的士人，首要之務，便是深黯事理，也就是「讀書明理」，故事中的張孝基，可說確屬如此。

無錢寸步難行，這是每個人都能體會到的經驗，同時也說明了金錢的重要性。正因此之故，所以世人莫不汲汲營營於追求並聚斂財富，惡劣者更不擇手段，泯滅天良者有之，作奸犯科者有之，出賣身體乃至靈魂者亦有之，五花八門的行為難以盡述。好在這個世界上，儘管有人貪得無厭，但也有人慷慨好施。雖然媒體不時傳出豪門爭產、兄弟鬩牆的新聞，但在廣大的社會間，兄友弟恭、共同打拼的故事，也正在默默地上演，可見清者自清，濁者自濁，關鍵乃在於是否明理而已。

一言決獄／破案的關鍵性問話

魏公應為徽州司理。有二人以五更乙會甲家，如期往。甲至雞鳴，往乙家呼乙妻曰：「既相期五更，今雞鳴尚未至，何也？」其妻驚曰：「去已久矣。」復回甲家，乙不至。至曉，遍尋蹤跡，於一竹叢中獲一屍，乃乙也。隨身有輕齎物，皆不見。妻號慟謂甲曰：「汝殺吾夫也！」遂以甲訴於官，獄久不成。有一吏問曰：「乙與汝期，乙不至，汝過乙家，只合呼乙，汝舍乙不呼，乃呼其妻，是汝殺其夫也。」其人遂無語。一言之間，獄遂成。

——宋、施德操《北窗炙輠錄》

好好解釋

魏公應 人名，事不詳。

徽州 州名，位今安徽省境內。

司理 官職名，掌獄訟勘鞫，亦作司李。

輕齎物 攜帶輕便的物品，猶「細軟」之謂，意指值錢的東西。

教你看懂

魏公應在做徽州司理的期間，曾遇到一件如下的案子：有兩人事先約好，在某天的五更乙到甲家來，屆期乙如約赴會。但甲在雞鳴時，卻去乙家呼叫乙妻說：「既然已經約好五更會面，現在雞鳴了尚不見人，這是為什麼？」乙妻吃驚說：「他已經去很久了。」說完兩人一同到甲家，始終不見乙來。天亮之後，便到處去找，終於在一片竹叢中，找到了乙的屍體，但身上所攜帶的值錢物品，則全都不見了。乙妻悲慟地向甲哭叫說：「是你殺了我的丈夫！」於是將甲告到官衙，案子拖了很久，一直未能定讞。後來某次再審時，有一名官吏問甲說：「你與乙相約，在等不到乙的情況下，你去到乙家裡應該呼喚乙才是，但你卻捨乙不呼喚而呼喚其妻子，足見你事先就知道乙不在家，所以是你殺了她的丈夫。」甲聽了這話，為之語塞。一言之間，命案就得到了結果。

你要明白

「探索頻道（Discovery Channel）」曾經播放過一套稱為「醫學神探（Medical Detectives）」的影集，由一序列的個案或故事所組成，雖每次放映只有半小時，但都對案情及其結果交待得十分清楚，而整套影集的主旨，便在於說明，許多撲逆迷離的命案，是如何藉由現代科（醫）學之助，而得以水落石出。

無疑的，在一個事事都講求證據的民主社會裡，辦案人員必須加倍付出心力，方能使嫌犯在鐵證如山之下心服口服、俯首認罪，從而做到毋枉毋縱的地步。只不過，在科學相對落後的古代，其辦案的困難度，當然也就相對更高，然而任何一個案子，必定有其遵循邏輯的案情在，只要依循著邏輯脈絡及其發展細加推敲，就有突破案情膠著處的機會，本故事正就是說明了這種道理，經由幾句（關鍵性的問話）而突破嫌犯心防，終於使案情大白。

斷句息爭／標點符號惹爭議

富民張老無子，贅婿於家。後妾生子，名一飛，甫四歲而張卒。張病時謂婿曰：「妾子不足任吾財，當畀汝夫婦。爾但彼母子死溝壑，即陰德矣。」於是出卷書云：「張一非吾子也，財盡與吾婿，外人不得爭奪。」婿乃據之不疑。後妾子壯，告官求分，婿以卷呈，官遂置不問。他日，奉使者至，妾子復訴，婿仍前赴證。奉使者因更其句讀曰：「張一非，吾子也，家財畫與；吾婿外人，不得爭奪。」曰：「爾父翁明謂吾婿外人，爾尚敢有其業耶？誘書飛作非者，慮幼為爾害身。」於是斷給妾子，人稱快焉。

——明、鄭瑄《昨非庵纂》

好好解釋

畀 給與。

出卷 拿出（一張）字據，在此即遺書。

奉使者 這裡指朝廷派出的使者。

句讀 即文章的斷句。亦作句逗、句投、句度、句斷等；乃指文章讀寫起來，該有的呼吸停頓之處。

教你看懂

富人張老，由於早年沒生兒子，所以招贅了一位女婿到家中來。隨後，張老所娶的妾卻生了一子，取名一飛，不幸的是，小孩剛滿四歲時，張老便過世了。張老在病重時對女婿說：「小老婆所生的兒子不足以繼承我的財產，這些東西給你們夫婦。你只要能養活她們母子，便是積陰德了。」說完了就拿出了一張遺書，上寫著：「張一非吾子也，家財盡與吾婿，外人不得爭奪。」那女婿接過遺書，心中未生疑慮。

後來張一飛長大成人了，便告到官府，要求分產，那女婿持著遺書呈堂為證，官府只好置之不理。直到有一天，朝廷的一位使者來至當地，張一飛再次提出告訴，那女婿也再次拿著遺書以為憑證，但奉使者卻更改了張老遺書上的斷句方式，讀成是「張一飛，吾子也，家財盡與；吾婿外人，不得爭奪。」並對著那女婿補充說：「你父親分明說女婿是外人，你怎麼敢佔有他的家業呢？故意將飛字詭寫成非字，是顧慮到張一飛那時太小，怕被你所傷害罷了。」於是就將張老的財產判給了張一飛，這結果使得人人稱快。

你要明白

基本上來說，這是一則述及智巧的故事，只是這智巧隱藏在文字的排列組合中，藉著兩種稍有不同的斷句方式，所得之結果卻是絕然而異，因此也就產生了戲劇性的效果，讀來頗覺妙趣橫生。

在我國的古代書面文字中，是沒有所謂標點符號的，現時使用者，是教育部於民國八年根據國語統一籌備會議決案所頒布，並通令全國一律遵用的。不過，即使時至今日，倘若你去參觀一次書畫展覽，你必將發現在所有作品上，不會加注有任何的標點符號，可知此一慣例，現今仍被保留在一些傳統文化中。

有趣的是，正因為缺少標點符號的指示與規範，這使得古言書中的某些語句，因後人之讀法不同而衍生爭議，甚或鬧出笑話的也不在少數，下面的這則故事，見諸《韓非子》一書——魯哀公問於孔子曰：「吾聞夔一足，信手？」曰：「夔，人也。何故一足？彼其無他異，而獨通於聲。堯曰：『夔一足矣，使為樂正。』故君子曰：『夔有一，足。』非一足也。」——換言之，相傳為堯舜時的樂官名叫夔，因著「夔一足」這三字的斷讀與否，在魯哀公的想像中被猜測成「獨腳獸」，而孔子的正確理解則是「夔一足」，意思是說「有像夔這樣的樂官，一個就足夠了」。

不爭目睫／目光遠大

文正公之婿韓公，例當遠任，公私以語其女曰：「此小事，勿憂。」一日，謂女曰：「韓郎知洋州矣。」女大驚，公曰：「爾歸吾家，且不失所。吾若有所求，使人指揮韓郎婦翁奏免遠適，累其遠大也。」韓聞之，曰：「公待我厚如此。」後韓終踐二府。

古人自愛愛人，不爭目睫，類如此！

——明、馮夢龍《智囊》

好好解釋

文正公 指宋真宗時的大臣王旦，字子明，卒封魏國公，諡文正。

洋州 州名，魏置，在今陝西省境內。

失所 無處立足安家。

終踐 終於實際做到。

二府 此指中書省樞密院。

目睫 猶謂眉睫，指近前處；借喻眼光短淺之意。

教你看懂

王旦在宋真宗面前得意的期間，他的女婿韓公，某次依照朝廷慣例，將要派赴邊遠地區去任職，他私下先知會女兒說：「這是件小事，不必為此擔憂。」有一天，他正式告訴女兒說：「韓郎已經決定要被派往洋州去做知府了。」女兒聽了大驚失色，王旦連忙說：「你可以回到娘家來，當不致沒有立足之處。倘若我現在去向皇上請求，這將使得他人會對此加以指責，認為韓郎是倚仗岳父的權勢而奏免遠適，這反而會拖累了他往後的遠大前程。」韓公得知了這些情形之後說：「岳父這樣待我，真的是厚愛。」後來，韓公終於在中書省與樞密院兩府內都任職過。古時候名賢以自愛之心而加愛他人，都類同於王旦那樣，其目光遠大，是不會只計較眼前微小得失的。

你要明白

故總統經國先生，曾在對海軍官校學生的一次演講中，以「計利當計天下利，求名應求萬世名」這兩句話來勉勵與會者，此原是一付對聯，是于右任先生贈予經國先生的，他轉述這兩具名言，用來期勉在場的海軍將士，自然有其深意在。

對普羅大眾而言，追名逐利，無人可免，而利就名成，又是每人所夢寐以求的好事，不會因時空變化而有所更改，其理由無須申述，因為生活在現實環境中的世人，個個都有切身的感受。顯然，于右任先生的名聯只能算作一種期許，就一般大眾來說，未免陳義過高。

不過，得失權衡之下，即使是追求名利，也應對其遠近大小的分際，多加考量。本故事中的王旦，就是一個具有宏觀視野的人物，他深知官場歷練的重要性，也深知徇私之下的人言可畏，故他順應其女婿的遠適而不計較一時眼前的得失，但卻真正成就了女婿的未來前程。

汪直失寵／直諫的智慧

憲廟時，太監阿丑善詼諧，每於上前作院本，頗有方朔譎諫之風。時汪直用事，勢傾中外。丑作醉人酗酒，一人佯曰：「某官至！」酗罵如故。又曰：「駕至！」酗亦如故。曰：「汪太監來矣！」醉者驚迫，帖然。傍一人曰：「天子駕至不懼，而懼汪直，何也？」曰：「吾知有汪太監，不知有天子也。」自是，直寵漸衰。

——明、文林《琅琊漫鈔》

好好解釋

憲廟 明憲宗朱見深的廟號，在此借指憲宗。

上前 皇上面前。

院本 金、元時代所行之劇本，此處代指演戲。

方朔 指西漢的東方朔，性詼諧，善諷諫。

汪直 明憲宗時宦官，性慧黠而行險狠，統領西廠，恃勢橫恣；卒為東廠宦者所涅，譏之，貶死。

帖然 依順貌，猶伏帖之謂。

教你看懂

明憲宗成化年間，朝廷中有個生性詼諧的太監阿丑，每每在皇帝面前演戲時，都會效法東方朔作幽默的諫言。當時汪直執掌大權，勢傾宮廷內外。某一次阿丑演戲時扮做酗酒的醉人，一人假裝說：「某某官員來了！」他照舊酗酒罵人。那人又說：「皇帝駕到！」他依然酗罵不停。那人再接著說：

「汪太監來了！」酗酒者這下驚嚇著了，馬上伏帖下來。於是那人問他：「皇帝來了你都不怕，卻怕汪直，這是為什麼呢？」阿丑回答說：「我只知道有汪太監，不知道有皇帝。」從此之後，汪直就漸漸不受寵愛了。

你要明白

大凡人之說話，若其意出言表而別有指，並足以達到某種特定目的者，這不能不說是一種智慧之語。如果這話說得輕鬆且雋永，令人聽後初覺好笑、繼感有味而終將深思有所得，則說話者大概都是「有兩把刷子」的人。

上述的那種說話情形，西方人稱為幽默。美國人個性較活潑，大多喜愛幽默的談吐，雷根總統就是其中一位佼佼者（請回憶一下他當年遇刺後就醫時的情景）；至於國人中，稍早的林語堂，古代的東方朔與淳于髡等，都是我們所熟知的幽默人物。

本故事中的太監阿丑，就朱明王朝的觀點來看，無疑是為其江山社稷立了一件功勞，因為文末的「自是，直寵漸衰」六字，已然表明憲宗皇帝開始有了「遠小人」的舉止，而明憲宗之所以如此，則顯然是「吾知有汪太監，不知有天下也」這兩句話所發揮的功用。

「正話反說」或「反話正講」，都屬於一種技巧或方法，其間帶有迂迴的策略性。試問一位權傾當朝的大紅人，你若想要在皇帝面前直言扳倒他，豈是那麼容易？搞不好目的沒有達成，自己先被砍了頭。但故事中的阿丑，除了利用說話的技巧外，更藉助著雙重的掩護（演戲與醉酒）以遂行其事，如此的拿捏與搭配，誠然是智者之為。

最後讓我們來談談「幽默」這個辭語，雖然大家現在都對它耳熟能詳，心目中也理解到它所指的是何種概念，但其當初的譯名來源及某些相關細節，卻非人人所知悉，本文在下面稍作介紹之。

首先將Humour譯為幽默的人，當然是林語堂先生，使用在「五四運動」稍後的《語絲》等雜誌上；但他後來在答客問中有謂「幽默二字原純粹譯音，行文間一時所想到，並非有十分計較考量然後選定，或是藏何奧義」，他認為Humour既不能譯為「笑話」，又不與「詼諧」或「滑稽」盡同，故其原意是要譯音正確而非有所取義。

正因如此，當時另有一些學者們，如錢玄同、李青崖與陳望道等，就依次選用「酉靺」、「語妙」與「油滑」之類者，想來取代原先的「幽默」譯名，然而經過了這麼多年的時光考驗，幽默一辭至今可說已成定型，致其他之譯名，年輕的一代大概全然不知了。

只不過既是翻譯，則任何一個外來語，要想譯得盡善盡美且語出天然，那幾乎是不可能的事，何況Humour一辭，其意味本就深長。雖說晚近有人指出，早在《楚辭，九章》中，就出現過「眴兮杳杳，孔靜幽默」之句，但此地之「幽」與「默」二字併列，均作寂靜無聲之解，迥非林譯「幽默」之所指；至於幽默究竟是什麼呢？或許邵洵美在其「幽默真諦」一文中，談到的「幽默真難解釋，也不可以提倡；提倡幽默本是最不幽默的事，反對幽默卻近乎幽默」這幾句話，可提供我們另一角度的思考吧。

肆主察徒／見微知著

有新入肆之二徒，肆主將擇一留之。偶食餛飩，既畢，肆主忽問其數。一茫然，一具以告。因留其告者，以其隨事留心也。又一小徒以小過被遣，將出門，適一笤帚仆於地，扶而倚諸壁，乃出。肆主適見，即返之。謂其已去此而猶勤於事，必誠實人也。

——清、汪康年《穰卿隨筆》

好好解釋

肆主 店鋪老闆。

笤帚 掃帚。

教你看懂

某一個店鋪有兩個新來見習的學徒，店主打算在其中選擇一個留下來。碰巧有一次三人在一起吃餛飩，吃完後店主人問到各人所吃的數目，其中一人覺得茫茫然，另一個人則正確說出數量。老闆於是就選擇了後者，認為他凡事都留心，應該會是一個好學徒。另外有一個小學徒，因為犯了過錯被老闆遣散，就在他離開店鋪出門之際，因為看到一把掃帚仆倒於地上，他便順手將它撿起來，扶好靠在牆壁間，然後才離去。上述情形恰好被店主人看見，隨即就將他留了下來，不想再遣走他，這是因為一個都已經離職的人，還能注意到其份外的小事，那麼他必定是一個誠實而可靠的人。

你要明白

在這篇短文中，介紹了兩則極端平凡的小故事。之所以說是「極端平凡」，乃因為諸如此類的情事，經常發生在我們的週遭環境與日常生活中，只是當事人或處身其境的人，往往會忽略了某些值得我們留意的小地方罷了。

誠如標題所揭示的，這裡敘述了兩名店主的「察人之方」，雖然未必盡同或皆須奉為圭臬，但至少說明了「察人於微」是有其道理的。正因為事「微」，故一般人便都會犯了「小」看了它的毛病，殊不知在這些微末細節中，往往隱藏了做人做事的「大」道理。

第二則故事特別值得我們注意，尤其是年輕朋友們更應該深加反省，因為今天的社會風氣功利主義盛行，人際關係的相互對待，大多以利害關係的權衡為考量依據，因而彼此都太過現實，一旦利益有所衝突時，結果往往是「大事不能化小，小事也沒完沒了」。在社會新聞的報導中，不時見到諸如離職員工挾怨報復的事情，與故事中的小學徒行為相比較，我們會作何感想？剛從學校畢業而初入社會的年青朋友，讀完本文中的兩個小故事，應知待人接物與取捨之道，往往都在小小的細節當中。

知人／慧眼識人

趙開心為御史大夫，車馬輻輳，望塵者接踵於道。及罷歸，出國門，送者才三數人。尋召還，前去者復來如初。時吳園次獨落落不以欣戚改觀，趙每目送之，顧謂子友沂曰：「他日吾百年後，終當賴此人力。」未幾，友沂早逝，趙亦以痛子歿於客邸，兩孫孤立，園次哀而振之。撫其幼者如子，字以愛女。一時咸嘆趙為知人。

吳名綺，江南歙縣人，官湖州守，為治簡靜。放衙散帙，蕭然洛誦，繩床棐几，燈火青熒，吏人從屏戶窺之，不辨其為二千石也。喜與賓客遊，四方名士，過從無虛日，卒以是罷官。

——清、王晫《今世說》

好好解釋

趙開心 清代長沙人，字靈伯，明崇禎進士，順治間授御史，屢疏言事，有直聲，坐是屢躓屢起。

輻輳 謂歸聚、會集之意。

望塵 即拜塵，典出《晉書，潘岳傳》，為諂媚權貴的貶義詞。

國門 在此指京師。

尋 不久。

吳園次 吳綺，字園次，清江都人，自稱紅豆詞人，工文，尤長詩詞；順治進士，官湖州知府，居官清介，人稱其尚風節、多風力、饒風雅為三風太守。

欣戚 在此喻趙開心的宦途浮沉。

目送 隨其人之去而以目注視，在此表看重之意。

振 同賑，表接濟。

歙縣 在安徽省境內。

湖州 府名，即今浙江省吳興縣。

散帙 開卷之謂。

洛誦 反復誦讀。

繩床棐几 形容床桌簡樸。

青熒 光明貌。

二千石 古代官制，以所得俸祿區分等級，太守祿秩為二千石。

教你看懂

趙開心在任職御史大夫的時候，門前車馬會聚，各種奉承巴結的人物絡繹於途。但當他罷職要回故鄉之際，送別他離開京城的，只有三數人。誰知沒多久，他再次奉召復職，那些疏遠他的人，又像當初那般來討好他。在這段期間，唯有吳園次表現得落落大方，不以趙開心的宦途起伏而改變自己的態度，因此每當與吳園次分別時，趙開心總是行注目禮送他離去，並且對自己的兒子友沂說：「異日在我死後，終究會需要他幫忙的。」過沒多久，友沂竟然早逝，趙開心也因痛失兒子而客死在異鄉，遺下兩個孤苦的孫兒，吳園次哀傷故友之餘，對趙家施以援手，將其幼子視同自己的兒子般，並把愛女許配給他。知道這些情形的人，都一致感嘆趙開心有知人之明。

吳園次名綺，是安徽歙縣人，官至湖州府太守，治政事力尚簡靜。每每於下班之後，就是打開書本，獨自反復誦讀，在那簡樸的房間內，透過光亮的燈火，下屬從門窗中望去，完全看不出那是一位知府。他平常很好客，各處知名人士，都喜歡與他交往，但他最後卻因此而罷官。

你要明白

知人，非但是一種經驗知識，更可說是一門學問，而其成功或失敗的結果，小焉者雖僅涉及到一己之利，然則大焉者，可能會關乎著國家民族之盛衰。古今中外的事例委實太多，所謂「慧眼識人」，但要有知人之明，絕非一件簡單的事。因為人要具有慧眼，須得蓋棺後始能認定，而非僅憑其一時一事之僥倖所能達到，賢如孔子，智如諸葛亮，都有看錯人的時候，這些都可從史料中得以印證，而一般人庸庸碌碌，更何足論。識人之難，究其實，在於知人之不易，也就是人不易知，俗語中的「知人知面不知心」，可見真正的知人或識人，是要洞悉對方的內心世界，且能斷定那顆不曾靜止的心，其意願不隨時空而變異。而所有的這一切，又都不是能從課本內或模仿中輕易而得之的，所以世人每每因此而招至失敗後，總免不了有知人不易之感嘆。

故事中的趙開心，可說是獨具慧眼，其識人之明是由之後的事實來佐證的，而吳園次也果然不負故人昔日的青睞。古道熱腸者，自應不忘托付之重，但文中何曾出現過「托付」這樣的字眼？以這樣的標準來和那些拜塵者做比較，則清濁之判，宛如雲泥之分。

成衣／洞悉人性心理

昔有人持匹帛，命成衣者裁剪。遂詢主人之性情、年紀、狀貌、並何年得科舉，而獨不言尺寸。其人怪之，成衣著曰：「少年科第者，其性傲，胸必挺，需前長而後短；老年科第者，其心慵，背必傴，需前短而後長。肥者，其腰寬；瘦者，其身仄。性之急者，宜衣短；性之緩者，宜衣長。至於尺寸，成法也，何必問耶？」

余謂斯匠，可與言成衣矣。今之成衣者，輒以舊衣定尺寸，以新樣為時尚，不知長短之理，先蓄覬覦之心。不論男女衣裳，要如杜少陵詩所謂「穩稱身」者，實難其人也。

——清、錢泳《履園叢話》

好好解釋

成衣 製衣；成衣者（匠）即俗稱之裁縫。

逐詢 逐一詢問。

慵 懶散。

傴 傴僂，背彎曲貌。

仄 窄也。

成法 現成之規格、式樣。

覬覦 非分之想。

穩稱身 猶合身之謂，語出杜甫「麗人行」詩句：「珠壓腰衱穩稱身」。

教你看懂

從前有個人奉命拿了一匹布帛，去找裁縫做衣服。裁縫師面對來人。逐一詢問起其主人的性情、年齡、狀貌與何年得中科舉，卻唯獨不談到尺寸的問題。來人覺得很奇怪，裁縫於是解釋說：「少年中舉者，性情高傲，胸必上挺，這種人的衣服要前長後短；老年才中舉者，心性已懶散，背部傴僂了，其衣則要前短後長。肥的人，衣服的腰部要寬；瘦的人，衣身則要窄。個性急的人，適合穿短衣；性子緩的，所穿衣服就宜長。至於尺寸的大小，那屬於現成的規格，這又何必問呢？」

我認為這個成衣匠，才是一個真正懂得做衣服的人。現時的一些裁縫師，往往都是用舊衣來定尺寸，或者追求時髦而變出新樣式，他們不去研究衣服的長短之理，卻先存有著非分之想。無論是男人或女人的衣裳，若要能製作成像杜甫詩中所形容為「穩稱身」者，這樣的裁縫實在很難得。

你要明白

本文分為兩部分，前者述及故事的本身，後者為原著作人對故事內涵所發出的議論。因為故事真實性的不可考，有可能是錢泳先生的藉題發揮，故從整體上來說，此文毋寧說是原作者借成衣匠的口，道出了當其時的社會風尚與人情百態。

在中國的學術發展中，無論從「九流十家」、「經史子集」或「諸子百家」的分類裡，我們均難以找到專研社會心理方面的著作，有的只是極為零星的片段數語。即使在西方，以心理學為例，真正成為一門獨立之學科，也是一八七九年之後的事了。

本故事的重點，正在於透過成衣道理，揭露出種種的人性心理。文章中巧妙地運用了，所穿衣服的「前長後短」與「前短後長」，以刻畫出兩類人的不同心態與神情，這使得我們如見其人，同時也為故事的描繪增色不少。而最後的三句話，其實就是在說明體察人情世態的不易，一如曹雪芹在《紅樓夢》第五回中所述及的「世事洞明皆學問，人情練達即文章」。

究物理／只知其一，不知其二

滄州南，一寺臨河干，山門圮於河，二石獸並沉焉。閱十餘歲，僧募金重修，求二石獸於水中，竟不可得，以為順流下矣。棹數小舟，曳鐵鈀尋十餘里無跡。一講學家設帳寺中，聞之笑曰：「爾輩不能究物理，是非木杮，豈能為暴漲攜之去？乃石性堅重，沙性鬆浮，湮於沙上，漸沉漸深耳。沿河求之，不亦傎乎？」眾服為確論。一老河兵聞之，又笑曰：「凡河中失石，當求之於上流。蓋石性堅重，沙性鬆浮，水不能衝石，其反激之力，必於石下迎水處齧沙為坎穴。漸激漸深，至石一半，石必倒擲坎穴中。如是再齧，石又再轉。轉轉不已，遂反溯流逆上矣。求之下流，固傎；求之地中，不更傎乎？」如其言，果得於數里外。然則天下之事，但知其一，不知其二者多矣，可據理臆斷歟！

——清、紀昀《閱微草堂筆記》

好好解釋

滄州 即今河北省滄州。
河干 河岸。
圮於河 因河水泛濫而坍毀。
閱 經歷。
棹 即櫂字，名詞「船槳」之謂，但在此作動詞「搖」使用。

鐵鈀 鐵耙。
講學家 道學家。
木杮 猶木片之謂。
傎 同顛，在此指錯誤、荒唐之意。
齧 咬也；在此表沖刷之意。
臆斷 主觀地猜測判斷。

教你看懂

在滄州之南，有一座靠近河岸的寺廟，山門因河水泛濫而坍毀，廟前的兩隻石獸也掉落到河水中去了。過了十多年，僧人募得資金重修該廟，到水裡去打撈那兩隻石獸，卻沒有找到。以為石獸是順著流水被沖往下游去了，僧人於是駕了幾條船，拖著鐵耙在水中找尋，結果仍無蹤跡。這時有個在廟中設帳授徒的道學家，聽到此事後笑著說：「你們不懂探究事物的道理，石獸又不是木片，怎會被河水帶走？石頭又硬又重，沙土卻是鬆浮的，兩石獸湮壓在沙土上，只會越沉越深。

你們順著河去找，不是很荒唐嗎？」經由他這麼一說，大家都認為有理。一個護河的老兵，聽了後卻又笑著說：「凡是掉落到河裡的石頭，應朝上游去找，這是因為石頭硬重而沙土鬆浮，當水無法沖動石頭時，受到反激的水力，就會在石頭的面水下方處，沖出一個坑穴，一旦越沖越深，等到坑穴到了石頭的一半大小時，石頭就會向前翻倒在坑穴中。如此水再沖，石頭再朝前翻轉，一再循環之下，石頭自然就逆流而上了。到下游去找，固然大錯；往河底更深處去尋，豈非越發荒唐？」後來依照老兵的說法，果然在幾里外的上游，找到了那兩隻石獸。可見天下的事，只知其一而不知其二者，實在是很多，又怎能依據單一方面的理由，就主觀地下斷言呢？

你要明白

當我們被別人譏諷甚或斥責為沒有常識時，那場面是尷尬的，而其感受之難堪自不待言。此乃因為「常識」一詞，指的是一般人所應具有且必能瞭解的知識；若換成其英文對應語 Common Sense 來說，無疑是指世人普通而共有的知覺；一旦當某人對此並不具有時，則顯然表示他難以歸類為常人之列，除了是一個後知後覺的下愚之輩外，誰還能想像他是一位上智的先知呢？

但世事非常巧妙，其中有些事物的存在及其演變，往往會出乎我們的常識之外。導致這種結果的原因大致分為二種：一是我們對事物的認知片面而不深入，甚至認知的本身錯誤而不自明；另一是常識本身無誤，但在應用層次上有其侷限性與特定性，倘將某項常識套錯對象或作過度延伸，謬誤的情形自然就會產生。這兩種情形，在物理學中都有鮮明的例子。

本文所介紹的故事，看來相當有趣，石獸掉落河中，按「常識」來說，絕大多數人都會認為應朝下游方向去找，但結果卻不是這樣，反而在河流的上游處找到了。依原作者紀昀的說法，無論是就原地或朝下流去找尋，都是一種「但知其一，不知其二」的見解；換言之，這兩種方式都是屬於片面而不夠深入的認知。

在此要特加說明的是，畢竟這只是一則故事，其真實性先且不論，但至少我們不能把文中的「河中失石，當求之於上流」這兩句話，當成是物理學中的「定律」般來看待。嚴格說起來，這是一個「流體力學」中的問題，其最後之結論，必須經由詳細的資料（諸如水速、石重與河床結構等），加以定量之計算，才可以推斷結果；所以縱有其事，也是在某些特定資料與情形下的特定產物，而不可視之為通則。但無論如何，本故事告訴了我們要從多角度去看問題，凡事不可只知其一而不知其二。

附帶要說明一下，紀昀在本故事中，所嘲笑的主要對象。須知自蒲松齡的《聊齋志異》書成之後，因其膾炙人口，一時仿效者多如過江之鯽，致使清代的筆記小說充斥坊間，紀昀的《閱微草堂筆記》，無疑是仿效作品中的最佳者。但在所有這些作品中，唯有紀昀的獨樹一幟，不時對道學家之流，熱嘲冷諷，極盡挖苦之能事。

而所謂「道學家」，多指那些自宋、明以來，但知自矜空談卻無能解決任何實際問題的「理學家」，在紀昀的眼中，他們都是一批道貌岸然而卻利慾熏心的偽君子與假道學，因而成為他筆下不遺餘力的抨擊標靶，這是我們在閱及清人筆記小說中，要特別值得留意的地方。

惟饑可以下飯／渴則飲，饑則食

有水先生者，頗能前知禍福，王子野待制甚敬信之。子野正食，羅列珍品甚盛，水生適至。子野指謂生曰：「試觀之，何物可以下飯？」生遍視良久，曰：「此皆未可，惟饑可以下飯爾。」

——清、潘永因《宋稗類鈔》

好好解釋

王子野 宋人，事不詳。

待制 官名，唐置；唐太宗即位後，命京官五品以上者，輪值中書、門下兩省，以備諮詢；至宋，因之，如名詩人陸遊就曾任過待制一職。

教你看懂

有一位水先生，很能事前預知人的禍福，王子野待制十分敬佩與相信他。某天王子野正在用餐，桌上擺滿了珍品佳餚，碰巧水先生這時候來了，王子野指著桌面問他說：「你看看這些菜餚，何者最能下飯？」水先生將滿桌的菜仔細看了很久，最後才回答說：「這些都不行，唯有飢餓最能下飯。」

你要明白

有一則笑話，大意是這樣的——三人聚在一起誇口，都說自己最喜歡吃辣，一人說他「不怕辣」，另者則謂「辣不怕」，最後一人說是「怕不辣」——公認的結果是，最後那人得了第一名，這是因為他「什麼都怕，就怕不辣」。

顯然，笑料來自文字上的次序變化。將三個簡單的中文字，運用「乾坤大挪移」，就能排列成大意上雖然都差不多，但細微處畢竟有所不同的趣味性結果，也無疑地表明了方塊字的巧妙之處。

人的飲食習慣與偏好，雖由種種因素而互異，即使是相同的愛好者，其程度上仍有差別，但大體而言，所謂「山珍海味」，必然是眾人所喜歡吃的。

不過，再好的山珍海味，總會有吃厭的時候，因為每一個人都只有一個胃，超過百道菜色的滿漢大餐，還得吃上好幾天，且耗費鉅資還加重了自己腸胃的負擔。

就任何動物而言，大自然的法則是「渴則飲，饑則食」，飲食起因於生理的需求，人固如是，飛禽走獸亦無不同。因此，本故事中水先生所說的「惟饑可以下飯」，看似一句玩笑話，實則為至理名言，只不過，飽餐珍品的王子野聽後有何感想，原文並無交待，或許，這也就是作者刻意留為後人用來思考的問題吧。

國家圖書館出版品預行編目（CIP）資料

古老商學院 : 培養有利自己的條件 / 許汝紘暨編輯企劃小組編著. -- 初版. -- 臺北市 : 信實文化行銷, 2018.02
面； 公分. -- (What's knowledge)
ISBN 978-986-96026-2-4(平裝)
1.修身 2.通俗作品
192.1 107001770

高談文化 華滋出版 拾筆客 九韵文化 信實文化
CULTUSPEAK PUBLISHING CO., LTD

更多書籍介紹、活動訊息，請上網搜尋 拾筆客

What's Knowledge
古老商學院：培養有利自己的條件

作　　者：許汝紘暨編輯企劃小組　編著
封面設計：堯　子
總 編 輯：許汝紘
編　　輯：孫中文
美術編輯：婁華君
總　　監：黃可家
行銷企劃：郭廷溢
發　　行：許麗雪
出　　版：信實文化行銷有限公司
地　　址：台北市松山區南京東路 5 段 64 號 8 樓之 1
電　　話：(02) 2749-1282
傳　　真：(02) 3393-0564
網　　站：www.cultuspeak.com
讀者信箱：service@cultuspeak.com

印　　　刷：上海印刷股份有限公司
總　經　銷：聯合發行股份有限公司
香港總經銷：香港聯合書刊物流有限公司

2018 年 3 月 初版
定價：新台幣 360 元